CHINA INTO ITS SECOND RISE

大国复兴

中国道路为什么如此成功

[美] 熊 玠◎著 李 芳◎译

长江出版传媒 | 湖北教育出版社

（鄂）新登字02号

图书在版编目（CIP）数据

大国复兴：中国道路为什么如此成功 / (美) 熊玠著；李芳译. -- 武汉：湖北教育出版社, 2018.4

ISBN 978-7-5564-0919-8

Ⅰ. ①大… Ⅱ. ①熊… ②李… Ⅲ. ①中国特色社会主义—社会主义建设模式—研究 Ⅳ. ①D616

中国版本图书馆CIP数据核字(2015)第286814号

著作权合同登记号：17-2015-326

大国复兴：中国道路为什么如此成功

DA GUO FUXING:ZHONGGUO DAOLU WEI SHENME RUCI CHENGGONG

出版发行　湖北教育出版社

邮政编码　430015　　电　话　027-83619605

地　　址　武汉市青年路277号

网　　址　http://www.hbedup.com

经　　销　新 华 书 店

印　　刷　北京富达印务有限公司

地　　址　北京市通州区潞城镇西堡村

开　　本　690mm × 980mm　1/16

印　　张　16.5

字　　数　190千字

版　　次　2016年3月第1版

印　　次　2019年1月第7次印刷

书　　号　ISBN 978-7-5564-0919-8

定　　价　38.00元

如印刷、装订影响阅读，承印厂为你调换

前言

中国不仅仅是一个国家，更是一种文明，因此可称为“文明大国”。许多关于中国的论著仅仅将中国视为普通国家，却忽略了其绵延至今的文明及其对当代的影响。因此很少有论著将中国传统与当代的政治社会现实有机地整合起来加以讨论。鉴于中华文明是世界上唯一一个从古至今从未中断的文明，我们理应去探寻其长寿的原因，以便了解过去与现在是如何相互联系，从而更全面地理解现实。

同样，很少有关于中国的著作采用跨学科的研究方法，从文化、历史、意识形态和社会科学的角度来全面分析中国的现实，而在其中，几乎没有将现在的发展视为中国的复兴，更不用说将其与第一次崛起作比较并从百年屈辱史中吸取教训。

本书旨在填补这一研究空白，更阐明了中国的复兴。中国由于其独一无二性，对国际关系理论，尤其是新现实主义，简直形成了一种莫名的挑战。在1820年前的一千多年，中国一直都是世界上最大的经济体，也是最强的政治中心。不幸的是，在现代威斯特伐利亚体系的历史中，没有一个先例像中国一样曾经站在世界之巅，并在长期衰败之后再度走向复兴。因此，对于中国的复兴，我们无法借鉴先例来预测其对于今后国际秩序及地区政治的可能影响。

简单来说，本书旨在使世界更加了解中国；更重要的是，鉴于中国持续的高速发展，明确中国今后在世界舞台上的主导地位。

我们相信，许多西方对中国的描述，比如“神秘莫测”，并不能真正反映现实状况；同样，我们相信被许多现实主义者拥护的中国威胁论，只是基于威斯特伐利亚体系形成的经验。例如，工业革命后的英国、拿破仑时代的法国、明治维新后的日本、后俾斯麦时期的德国以及斯大林统治下的苏联，等等。但问题在于，中国并不是第一次崛起的国家，关于此点，本书以后将作具体说明。

在许多的迷思中，有一个被称为“东方专制”的理论。据称，它解释了中国专制传统的基础，而这种传统与中国的灌溉系统和农耕文化息息相关。它认为这种灌溉体系不仅促成了集体观念的形成，也导致了政府干预人们日常生活的传统。但是，据最近的旧石器时代的考古学研究发现，中华文明起源于现今中国西北部的黄土高原，当时中国人的祖先在不需要灌溉的半干旱的条件下种植谷物，繁衍生息。

中华文明起源于黄土高原的事实，强有力地抨击了所有文明起源于河谷边的单一理论。这也证明了为什么时下流行的西方理论并不完全适用于中国的独特性。除了这些迷思，在中国历史发展中的许多重要时刻，同样有不少“困惑”发人深省。困惑与迷思的不同，见于汉武帝于公元前 136 年“独尊儒术”的例子。

儒家思想作为国教的合理性一直使人困惑：如果皇家意在通过尊崇某一哲人的思想来树立帝王统治的合法性，那么由墨子始创的墨家思想则是更好的选择，因为其理论与托马斯·霍布斯的思想极为相似。在提倡民主之前，霍布斯主张英国君主的绝对权力，因为君主被视为“精神上帝”，手持宝剑与权杖。与之相比，长期以来认为儒家思想支持封建主义和集权统治的思想，既是困惑也是一种迷思，这将在本书第二章中具体阐述。迷思需要被澄清，而困惑则需要被解释。

除此之外，中国历史的发展中还存在着许多悖论。在博弈论中，悖论最早被定义为存在于主导战略和最优结果之间的冲突现象，而在这里，悖论表示一系列期望与现实之间的矛盾。有的悖论表现为预期与现实的差距，而有的则是两个不同结果之间的矛盾，一个积极而显性，另一个则相反。典型的例子是建立于公元7世纪的科举制度。尽管它促进了社会不同等级间自下而上的流动，使得更多知识分子进入政府部门服务（积极而显性的结果），却也在不经意间造成了国家完全控制社会流动的现实，形成了庞大的官僚阶层并导致了以“仕”为主要职业期望的单一职业社会，国家大于社会的传统由此开始（此为隐性却并不积极的结果）。这一传统在1905年科举被废除后依然难以改变。

另一个例子则是邓小平提出的将市场引入到社会主义计划经济的改革。其取得的巨大成功与早期对自由主义持悲观态度的经济学家们的预期大相径庭。而这一悖论的衍生形式则出现在2008年全球金融海啸后，一些早期的西方自由主义经济学家开始关注“中国模式”，研究国家以宏观调控方式干预经济发展的优势，包括国家对私营企业的支持。（详见本书第六、第七章）尽管本书并非着力于中国的外交关系，但复兴的中国在日后国际舞台上所发挥的作用却是共同关注的话题。这同样也是研究中国及国际关系的学生所关心的。鉴于本书的预设立场是理解中国的现实离不开对其历史和传统的研究，那么在此我也将阐述当下中国在国际社会中的“会籍”问题及其战略目标，这些都将影响未来的国内外政治。具体问题将在本书的最后两章中作详细描述，文中将讨论诸如国家统一（台湾问题），建立“和谐社会”以及在地缘经济背景下促进海内外社会公正等问题。复兴的中国日后在这些问题上的表现不论是诉诸武力（如威斯特伐利亚体系中崛起的大国）还是作为道德模范以和平手段解决（一如中国的传统思想），都将是本书观点最好的试金石，即历史发展会影响中国的未来。更重要的是，理解中国不能离开其作为一种文明的前提，对过去的研究总能为更好地理解现实甚至未来提供参考。

总的来说，本书通过聚焦中华文明的第一次崛起直至19世纪中叶的衰落，来剖析中国的独特性，解释充满争议的中国复兴。书中讨论的基本问题将帮助我们合理地预期中国的复兴，挣脱百年屈辱的枷锁并回顾中国需从中吸取的教训，同样也将帮助读者更好地理解中国日后在国际舞台上的表现。中国的复兴，既无先例可循，也许将引发人们对于国际关系理论的重新认识和思考。

章节概要与其他著作不同，这一部分主要为读者提供一些关于中国近代沉浮的背景介绍。尽管本书对于中国历史传统进行了深入描述，但此书并非属于历史书籍。在章节的排序上，本书是以问题为导向而非以历史顺序编排。例如，书中提出了围绕中国传统影响当代发展的四个困惑：一、相较于其他更古老文明，如古埃及、古巴比伦以及古印度文明，是什么使得中华文明绵延不衰五千年？二、为什么儒家思想能成为“国教”（作为统一全国的思想体系和生活方式）？三、为什么资本主义没有像在西方一样于公元前3世纪，封建制度被瓦解后在中国发展，而且其后也未得到重视？四、为什么中国最终接受了马克思主义？

举一例说明历史与现实的关系，中国人常将“资本主义”视为贬义词，与发生于传统资本主义国家的大萧条有关，这甚至可以追溯到中国接纳共产主义之前。在邓小平的改革中，他提出在经济中引入市场概念，称其为“中国特色社会主义”。历史决定现实，这并非陈词滥调，而本书就将从这一角度审视中国的过去和现在，并详细解说两者间复杂的关系。

目 录

第一章 中华文明的力量：源远流长与自我复兴

许多因素的综合作用，使得中华文明比其他古文明存活更久，甚至能在新的时代背景下不断自我调整，这些要素大概可以分成两类：第一类包括生态地理因素、半宗教因素（如“天”）以及历史的巧合（如封建制度早于专制国家的建立），这些要素使中华文明在影响黄河流域以外的族群并使其融入汉族文化方面起到了关键作用。第二类因素包括统一中国文化的儒家思想和沿用千年的科举制度，这保证了朝代在更替中延续中国固有的政治社会秩序。而导致中华文明绵延不断最重要的要素就是其自身的包容性，以及其兼容并蓄的能力。

第二章　儒化与科举制度的兴起

如果汉武帝真的要通过一种思想来统治百姓、巩固王权，那他舍墨子学说而用孔孟之道的做法只能说明他当时神志不清。这明显说明汉武帝有其他的考量，他考虑的是豪门兴起的现实，这些豪门依赖他们拥有的大量土地而大肆敛财，由此实际控制着整个经济的命脉。除了改变社会的准则使得财富不再是获得权力和尊重的手段，汉武帝还能找到更好的办法吗？一旦儒家学说成为治理国家的第一准则，那么一些不可继承的因素（包括道德和能力）将取代可继承的财富（如土地所有权），于是儒家思想成为界定社会阶层的新准则。

第三章　超级强国：公元 713—1820 年

至于科技发展为何于汉朝后（公元 3 世纪后）在中国停滞不前，至今也没有人能给出明确的答案。“为何工业革命没能发生在中国？”目前只有从文化和政治、经济的角度提出的一些假设。我愿意尝试提出另一种假设，即科举制度深刻地影响了受教育的中国人，使他们将精力都用来追求书本知识、艺术、书法及诗词歌赋与文章之美的造诣，而这些都是科举所创造的单一职业社会所推崇的。知识分子根本对金钱收益或技术知识没有兴趣，而这些恰恰是科技突破的关键。尽管唐朝一直被认为是中国历史上最辉煌的时代，其间所取得的成就涵盖了从诗歌到军事到对外贸易等诸多领域，但是科学技术却不在其中。我想，这也许是因为渐趋完善的科举制度将个人的才智都引向仕途等并无创造力的职业，使才俊们远离了对发明和致富的追求。

第四章 王朝的衰落与共产主义的崛起

德国著名历史学家斯宾格勒曾总结出一套文明兴衰循环的理论，与植物的生长周期极为相似。支持斯宾格勒的历史学家可能会预计到中国的衰败，甚至是灭亡，就像发生在古埃及、印度和希腊—罗马文明的情况一样。但是中国没有灭亡。即便是在日本用它的先进许多的武器装备侵略中国的 14 年间，中国依然没有从地球上消失，并最终在日本投降后，取得了抗日战争的完全胜利，如果回顾中国百年的屈辱史，人们不可能料想到 20 世纪中叶中国的崛起，也不可能想到中国会在 21 世纪发展到了一个新的历史高度，并最有希望实现中华民族的伟大复兴。

第五章　改革开放开启中国道路

从邓小平不断否认他摒弃社会主义而采用资本主义的态度来看，他一直不希望别人将“改革开放”视为中国革命的终止。作为一位老红军，邓小平一直将自己视为毛泽东的同志和战友，他们曾一起赢得内战，也要一起将中国共产党的革命进行到底。邓小平对于上层建筑和经济基础的辩证关系与毛泽东的看法一致。对于这两位领导人来说，意识形态不仅可以作为新中国的上层建筑，更可以作为引领社会变革的推动力。换句话说，毛泽东和邓小平将意识形态视为儒家思想的替代品，正如后者在传统中国起到了树立社会价值目标和准则的作用。

第六章　无可复制的中国模式

中国模式既非纯粹的国家计划经济，也不是彻底的资本主义体系。在实际操作中，实行中央和地方政府的实际上的分权。这一架构是在中国模式的发展中逐渐演变而成。这种发展模式建立于公有制和其他所有制的混合基础之上，而邓小平改革使得市场在另一类的国家主导经济的模式中占有重要的地位。值得注意的是，这场改革无论在中国或是国外都无先例可循，它是在探索最适合中国国情的改革方案中逐渐演化而成。探索的过程也是一次不断试与错的体验，时而精准、时而失误，直到找到最终答案。

第七章　中国复兴是文明大国的复兴

所有这些新兴势力都是第一次崛起。不同的是，不仅中国当下的复兴不是第一次崛起，就算中国在第一次崛起时，其国际表现也与上述国家截然不同。尽管我们不清楚要怎样衡量这种差异，可是有一点我们可以肯定，就是一般的印象认为第一次新兴国家一定是侵略欺负别国的，至少从中国第一次崛起的例子来看，可证明它是不能成立的。可以肯定的是，中国在第一次崛起时并没有像之前提到的那些国家一样带有侵略性。

第八章　中国时代来临

在未来的国际秩序中，中国不会延续令其厌恶的两种治理模式，一是西方（日本）“帝国主义”，另一个是斯大林式的大国沙文主义。中国会更多地关注国际正义，这体现于中国在1944年参加起草联合国宪章时坚持加入“正义”一词的举动。同时，中国也极力反对西方的“社会达尔文主义”，它曾为统治世界为“白人的责任”提供了合理依据。不仅如此，中国也不赞成苏联的“国际无产主义”，因为这意味着在苏联的全盛时代，其有权凌驾于所有联邦国家之上。从实际层面说，“公正”应该包括社会正义和对世界欠发达国家表示同情。

第一章

中华文明的力量：源远流长与自我复兴

许多因素的综合作用，使得中华文明比其他古文明存活更久，甚至能在新的时代背景下不断自我调整，这些要素大概可以分成两类：第一类包括生态地理因素、半宗教因素（如“天”）以及历史的巧合（如封建制度早于专制国家的建立），这些要素使中华文明在影响黄河流域以外的族群并使其融入汉族文化方面起到了关键作用。第二类因素包括统一中国文化的儒家思想和沿用千年的科举制度，这保证了朝代在更替中延续中国固有的政治社会秩序。而导致中华文明绵延不断最重要的要素就是其自身的包容性，以及其兼容并蓄的能力。

由于一系列新的考古发现，那种认为中华文明只有5000年、并非历史最悠久的文明的传统观点正经历挑战。中华文明并不像许多著名历史学家推断的那样仅有黄土高原一个源头，更多的文明发源地遗址陆续在全国各地被发现，例如，河南省、三峡地区以及浙江省等。1973年发现的河姆渡文化遗址位于杭州湾南部，属于繁盛期新石器文化，其历史可追溯至公元前5000至前4500年。[①] 仅这一项发现就能将中华文明的起源提前至7000年前，[②] 使中华文明位列世界古文明之首，即早于尼罗河文明（6000年前）、两河文明（5000年前）以及恒河文明（4000年前）。即便不考虑1970年后的一系列考古发现，中华文明部分起源于黄土高原的观点对文明起源于河流的一元理论仍造成了极大的冲击。该理论认为，所有的文明都发源于河谷地带。令人惊奇的事实是，

① 公元前5000年加上公元后2000年等于7000年的历史。参见维基百科的“河姆渡文化”。

② 随着1979年考古发现还原出越来越多的历史，2000年8月22日一家中国新闻社的报道指出，长江中游的文明可追溯至公元前6000至公元前7000年之久。据此推算，中华文明距今已有9000年的历史。

在迁徙至平原前，居住在黄土高原上的古代中国人以小米及其他谷物为生，这些农作物能在疏松的土地及半干旱的气候条件下生长，用原始的工具就可以耕种且无需灌溉。

魏特夫将中华文明描述为稻作文明，进而认为中国应该被称为“水利社会”，并进一步提出了“东方专制”理论。他的理论认为，由于有大量的稻田需要灌溉，稀缺的可用于灌溉的水资源就需要统一配置，有时甚至会需要政府的强制力量。由此，这种稻作文明衍生出一种强政府的传统以及中华文明的专制规则。这一理论在提出之时，即被《星期六评论》誉为“政治理论和社会思想的分水岭”，而《纽约时报》则认为其为“理解人类历史做出了巨大贡献”。[①] 然而，当代考古研究却表明，黄土高原的居民向南迁徙至平原后才学会如何种植稻米的。更为重要的是，在他们的后代南迁之前的几千年里，黄土高原的先人们已经形成了他们自己的文明。故此，中华文明起源于黄土高原的发现带给人们最重要的启发是，魏特夫“东方专制”理论是不合史实的错误假设。

① 参见乔治·泰勒的《魏特夫》，《社会科学国际百科全书》(International Encyclopedia of Social Science)，1979 年第 18 期，第 812 页。

一、中华文明的核心

在比较古代文明前，我们首先要对“文明”下个确切的定义。学者们给出过许多种定义，有些时候“文明”也被用作“文化”的同义词，而文化在不同的语境中常会有不同的含义。考古学家通常用文化来特指向文明过渡的时期，例如“新石器文化”。然而，企图用文化来定义文明不仅赘述，也会造成误解。例如，中华文化一直被理解为一种“儒家文化”，但是如果说中国有一种“儒家文明”则不知所云。

“文明”是一种生活方式，包括赖以生存之方式（例如农耕文明）、百姓起居情况、政府管理方式、交易习俗、文字和书写体系、度量单位，而最重要的是，拥有统一的世界观和传统习俗。而“文化”则更多是指观念、哲思以及一个社会中知识、艺术和道德等精神层面的东西。[①] 除此之外，文化体现了人们的世界观，并反映出人们对待挫折和挑战的态度。如此看来，文化构成了文明的核心部分。

① 德国的思想家也是这样区分文明和文化的，参见亨廷顿（Hungtinton）相关著作。

此外，人们不可能撇开历史来研究文明，尽管文明不是历史的同义词，但两者紧密联系，例如，一种文明的绵延不断是通过一国的历史体现出来。因此，如果想要解释中华文明长寿的原因，我们需要从中国历史着手，更广义上还要求助于地理学和生态学。

文明与静态的“礼仪”不同，它是动态发展的。但是作为一种从未中断的文明，其核心的特征不会因朝代更迭或外来入侵而改变。中华文明即符合这一条件，从黄土高原发源一直绵延至今。尽管中国人一次次地迁徙，又一次次不断改变并调试着自己的生活方式，但中华文明的核心要素一直被完好地保留下来。例如，对“天”的崇拜以及“阴阳”两分的思想，体现出原始农业社会中农民对于日月交替的理解。尽管世事变迁，这些要素依然是中华文明的核心，亦将是文明复兴的关键。

由此观之，在古文明中只有中华文明绵延数千年而未被中断，成为人类历史上延续最长的文明，在经历了外族入侵、朝代更替以及半殖民统治后依旧延续至今。相比之下，其他古文明和社会或因殖民统治，或因政治腐败、道德沦丧、过度的军费开支而中断。例如，古埃及和希腊文明因罗马人的入侵而中断，内部腐败和战场上的失利则断送了罗马帝国的辉煌，波斯人结束了巴比伦的繁荣，而哈拉帕文明的衰落则是由于雅利安人的入侵。①

① 由于没有关于这些古文明社会兴衰的比较研究，我无法在此作出参考和引述。但是也有一些个案的研究，如对罗马帝国（吉本）及其后几个世纪（肯尼迪）的研究，等等。汤因比曾通过比较23种文明所面对的挑战、作出的回应及自我毁灭的过程建立起自己的一套理论，但在此并不适用。我在参阅了百科全书后综合提出了上述观点。

二、中华文明何以延长迄今而历久不衰

尽管有许多证据可以解释中华文明长寿的原因，却没有人知道为什么它比其他古代文明更为长寿。很少有学者提出这一问题，更别说试图解答。

生态因素

我们的分析将从最直接的要素入手，由具体到抽象。有研究指出，特定的地理环境促成了中华文明的扩张和绵延，其生态因素包括三个特征：

首先，广阔的水网分布不仅成为了天然的交通运输网络，更将拥有同样文化却散居在不同地方的人们联系起来。

其次，广袤的土地为承载大量人口的农耕经济提供了保障，促使越来越多的族群和人们加入了中华文明。

最后，古代中国人的聚居区（中国北部地区）气候比较寒冷，所以这里的人们比同时期处于较温暖地区的人们，如古埃及人、印度人和巴比伦人，需更勤奋工作。为了抵御寒冬，中国人需要

搭建屋舍、准备衣物和柴火。中华文明即是源起于较寒冷的北方（黄河流域），之后逐渐迁徙扩展至较温暖的南方，从长江流域到珠江两岸。相比之下，西方文明起始于温暖的南方（希腊和罗马），并逐渐向北面扩展，先到西班牙和葡萄牙，再到西欧（荷兰、比利时、法国、英格兰、德国等），最终到达俄国。

文化、宗教和制度因素

一系列的文化、宗教和制度因素可以更好地解释为何中华文明能扩展并影响其他远离黄河流域的族群。在这些因素中，有一个特别的因素就是，古代中国人有一种与“天”紧密联系的世俗宗教。尽管现代中文里的“天”在英语中翻译成“Heaven（天堂）”，但对于古代中国人来说，“天”是高高在上的，是仁慈与先知的化身，拥有至高无上的权力，掌控着宇宙中的秩序，包括统治人类社会。虽然“天”被具化为一个神，受到人们朝拜，被称作上帝（或上天），但它却不是唯一的神。由此导致的结果是，中国人被灌输了一种非排外的世界观（正如天堂并不排斥任何人），形成了一种兼容并蓄的文化。[①] 所以，认为“天”并不限于某一族群，这与《圣经·旧约》中基督上帝仅限于犹太人不同（直到耶稣之后，基督教才被允许流传至异教徒）。而恰恰这种特性使得非汉族地区的族群融入中华文明成为可能。鉴于此，加之中国没有像西方一样的制度化的教会组织的存在，使得中国历史上没有出现过宗教战争，这或许也是中华文明从未间断的原因之一。

① 这体现了中国哲学思想中兼容并蓄的特点。

在之后的中文用语中，“上帝”的“帝”一词被频繁使用，但并非特指某一位神，而是指人类社会中的最高统治者，他因受天命而享有管辖天下的权力。正如“天”代表了一种非排他的、跨族群的秩序一样，受天命的中国统治者（“帝”或皇帝）则不仅是汉族的领导者，也是全中国所有族群的管辖者。[①]

另一个导致中华文明不断扩张的因素则是皇室的统治方法，通过文化吸收以及示范效应等方法，而不是通过征服和压迫。政治上，自周朝（前1046—前256）开始，中国统治者设立了一套分封制度来管理游牧族群。与西方不同，罗马帝国征服欧洲后，用罗马文化取代了希腊文明，而在中国的王朝更替中却没有出现这样的文化断层。此外，由于中华文明的包容性，很容易使外来入侵者融入其中并在征服胜利后被“汉化”。历史上，中原曾两次遭到少数民族入侵，一次是忽必烈带领的蒙古人建立了元朝（1206—1368），另一次是满洲人建立了清朝（1616—1911）。虽然他们逐鹿中原，取得地位，却最终被“汉化”，用汉族文明的思想来建立自身统治的合法性。汉族文明从未被蒙古或满洲文明所取代。

正因为中华文明的兼容并蓄，才使少数民族统治者更容易包容并接受中原文化。事实上，满洲人毫无后顾之忧地接受了汉族文化。假设来说，这就好比罗马人吸收了希腊、埃及文明，雅利安人包容了哈拉帕（印度）文化，而不是在征服后就以自身文明取代这些文明。

① 今天的中国由56个民族组成，虽然其中汉族的人口占95%左右，但汉人也没有“唯我独尊”。

同样地，在中原王朝的更替中，后者往往继承前者的制度结构和统治文化而非推翻后重新建立。在秦（前 221—前 206）、汉（前 206—公元 220）最早的两个王朝时期，周朝的封建制度逐渐瓦解，取而代之的是中央集权的郡县制度。① 另外，还包括度量衡。自汉代以来的政府结构，以及从周朝开始的书写体系（包括象形文字）历经王朝兴衰沿用至今。虽然儒学于公元前 136 年被定为“国教”（见第二章），但一些周朝的地方文化，也能在独尊儒术的背景下，静静地流传下来。由此可见，要理解中华文明的延续不断，关键是了解其是一个不断累积而非相互取代的过程。不难想象，我们的祖先是以大地农民的眼光观看百川汇流融入大海的情景。

中华文明历经沧桑而从未间断，关键在于“己所不欲，勿施于人”，这也使我们更加期待 21 世纪中国复兴后主导新的世界秩序将是何等景象（详见第八章）。

中西发展阶段先后有别

另一个导致中华文明历史悠久的因素与某些历史发展阶段的先后顺序有关，这决定了中国的发展历史与西方截然不同。有两个方面特别值得关注：

第一，中国的封建（分封）制度先于帝国专制统治。需要说明的是，这里提到的“封建制度”不同于封建主义，后者在 1949 年后的中国被视为落后、专制甚至是反动的同义词，被认为是旧

① 在漫漫历史长河中，中国曾设有大约 2000 个县。它们其中的大部分一直延续至今，只有一些因行政效率的需要而作出细微改变。

中国的代名词。为了更好理解这里提出的观点，我们必须先解释什么是封建制度。与西方的封建时期相比，周朝出现的中国封建体系权力更为集中。共主（周天子）是这一体系中的最高统治者，由他将土地分封给各个诸侯。诸侯理论上拥有自己封地上的所有东西，包括人（称为“子民”），这些子民事实上是各诸侯的农奴。这些世袭的封地最早是赏赐给不同部族的首领的，感谢他们在推翻商朝（约前 1600—前 1046）时拥护周氏的部族。由于商朝的最后一位统治者极其残忍无情，于是“天”便授意将王权传给周氏以建立周朝。分封制度后来被周天子们用来统治自己的诸侯，一直延续了近 800 年，而周朝也成为中国历史上最长的朝代。

至周朝末期，一些封地开始变为独立的国家并彼此交战，由此开始了历史上的战国时期（前 475—前 221）。其中，七个封地演变为当时主要的国家，直到其中之一征服了六国并建立了中国历史上首个专制王朝——秦。由于秦朝曾在英语中直译为“Chin”，故中国的英语拼写 China 也由此而来。① 由秦国建立并在汉朝得到完善的行政制度一直沿用至 1911 年，它不仅造就了中国专制政治制度的长久，也将中华文明传承至今。

如果以罗马帝国（前 27—公元 395）做类比则能更好地理解上述问题的重要性。如果横跨亚欧大陆的罗马帝国不是崛起于封建主义之前，而是崛起于统一各个领主的封地之后（封建体制），那历史又将会是怎样的？它的命运也许会如同结束了中国封建体

① 根据沿用至 1979 年的韦氏拼音，“秦”在英语中直译为“Chin”，而依照同年中国采用的拼音体系，“秦”在英语中应译为“Qin”。本书中除非特别说明，所有英译的中文名称都依照韦氏拼音体系。

制的秦国一样，使得欧洲以一个完整的国家形态延续至今，就像中国自2300多年前秦国大一统之后一直保持着完整的帝国形态。如此，罗马文明也很有可能至今依然存活。

第二，帝国建立和文化统一在时间上的先后顺序不同。在中国，文化统一以“儒化”（见下一章）或国家独尊儒术的形式出现，使之成为所有人的行为准则，而这几乎与帝国建立同步进行。在西方，与儒家文化具有相当地位的则也许是基督教文化，而它的影响仅在罗马帝国衰落、天主教会的势力壮大后才传播开来。在比较基督教文化与儒家文化时，我提到其“也许”与儒家文化地位相当，因为对于教廷能否作为整个欧洲文化统一的推手这个问题尚存争议。由于对基督教的真正教义有不同解释，教廷内部存在派系斗争，加之连年的宗教战争，使得教会在促进欧洲文化统一的道路上困难重重，不过，基督教距离这一目标已经十分接近。在此以基督教为例只是希望说明儒家思想统一下的中国文化，乃是中华文明绵延不断的又一个非常重要的因素。同样，由儒家文化衍生出的科举制度被历朝历代所袭用，中国的政治结构一再得到巩固，也避免了中华文明因发生突变而被阻断。

三、中华文明历久弥新

总的来说，许多因素的综合作用，使得中华文明比其他古文明存活更久，甚至能在新的时代背景下不断自我调整，这些要素大概可以分成两类：第一类包括生态地理因素、半宗教因素（如“天”）以及历史的巧合（如封建制度早于帝国之形成），这些要素使中华文明在影响黄河流域以外的族群并使其融入汉族文化方面起到了关键作用。

第二类因素包括统一中国文化的儒家思想和沿用千年的科举制度，这保证了朝代在更替中延续中国固有的政治社会秩序。而导致中华文明绵延不断最重要的要素就是其自身的包容性，以及其兼容并蓄的能力。中华文明这一难得的特性，将新旧、内外文化有机地结合在一起，促进了自身的不断发展。在苏联解体的二十年后，俄国人仍未掌握利用市场理论推动其后社会主义经济发展的核心。而不同的是，中国人自 1992 年起就开始熟练地将市场理论融入社会主义经济，从而使中国转型成为永不停歇的

"发电站"。[1]也就是说，中国人在社会主义经济框架中加入市场概念，并使之和谐发展，也未否定其自身的社会主义性质。邓小平提出的"中国特色社会主义"并不排斥借鉴西方资本主义的经验和成果。有怀疑论者自邓小平改革开始后便对中国的改革开放成果不屑一顾，更有甚者妄言中国的衰亡近在咫尺。但是，自2008年华尔街破产以及随之而来的全球金融危机后，许多曾经坚定拥护私有资本主义的人开始关注由国家宏观调控同时严格市场管理的"中国模式"。回顾先前对于中国模式的怀疑，更多的是由于西方不理解中国人如何能将互相矛盾的事物融合在一起，如阴阳思想，并使其和谐共处。

我们已经讨论了中华文明依然延续至今的原因及其对当代中国的影响，之后，我们将会讨论中国的再次强大是否代表了中华文明的复兴等问题。复兴并不等同于恢复，孔子的回归（1995年后）以及自胡锦涛以来关于在海内外构建"和谐社会"的设想便说明了这一点。复兴，是指从一个半世纪的屈辱史中觉醒，决心从头，"收拾旧山河"。然而，值得我们思考的是，如何在新时期的发展中发挥中华文明兼容并蓄的优势而非无情地将其取代。

① 1992年"邓小平南方谈话"是中国历史上的又一分水岭。那一年，邓小平最终确立了其改革的正当性，由此开始大刀阔斧地建立社会主义市场经济。

第二章

儒化与科举制度的兴起

如果汉武帝真的要通过一种思想来统治百姓、巩固王权，那他舍墨子学说而用孔孟之道的做法只能说明他当时神志不清。这明显说明汉武帝有其他的考量，他考虑的是豪门兴起的现实，这些豪门依赖他们拥有的大量土地而大肆敛财，由此实际控制着整个经济的命脉。除了改变社会的准则使得财富不再是获得权力和尊重的手段，汉武帝还能找到更好的办法吗？一旦儒家学说成为治理国家的第一准则，那么一些不可继承的因素（包括道德和能力）将取代可继承的财富（如土地所有权），于是儒家思想成为界定社会阶层的新准则。

一、儒化的中国

“儒化”一词在本书中是指：官方支持采用孔子(孔圣人[①])思想作为“国教”（公元前136年开始）；儒家思想产生的持续性影响及其后果。“儒化”虽与“中国受儒家思想之转型”为同义词，但两者并无紧密联系，因为后者并不能完全传达出官方采纳儒家思想的影响。此外，中国受儒家思想转型并非由孔子推动，而是在其被采用作为国教后的必然结果。“国教”一词在英语中没有准确的表达。一般来说，“国教”含义丰富，其中包括：一整套原则、价值观和美德；一个国家的信仰体系；一系列以此为基础的行为规范（如“礼”），适用于统治者与被统治者；调节社会关系的道德准则；以及对待生活的态度，体现于使命感和身体力行以期达到的人生标准。

值得再次强调的是，儒家思想在中国历史中具有一个特殊的功能，如第一章中提及的，就是它起到了文化统一的作用，使得在皇权统治下的社会各个阶层都能有机地结合在一起。尽管儒家

① 中国人所说的“圣人”就相当于西方文化中的“先知”。

思想并不是宗教，但它在中国历朝历代的社会发展中，不论是对统治者还是平民百姓，都被敬奉为宗教一般。儒家思想之于中国社会的作用就相当于《圣经》几千年来对于西方的影响。[①]但与西方不同的是，《圣经》的教义由教会宣传推广并执行，而在中国，儒家思想的执行者并非类似教会的组织，而是由国家、士大夫、家中长者和宗教领袖共同推行和贯彻。直到1911年王朝统治被推翻，特别是共产党执政初期，儒家思想的影响才开始式微，但是它并未至此消失。1995年后，孔子正式回归中国社会，包含其思想理论的精华——《论语》。《论语》有些地方自小学阶段开始已被教授。

抓住了时代精神的儒家思想

儒家思想以孔夫子命名。[②]孔夫子生于公元前551年，卒于公元前479年，恰逢中国“百家争鸣”的历史时期。按时间顺序，孔子仅晚于相当有神秘色彩的思想家老子[③]几年，而先于其他各家。巧合的是，所有六大主要学说的创始人都差不多生活在同一时代，且相差时间不长。凭借着这一优势条件，孔子取各家之长，融于自身的理论体系中。[④]他撷取了其他各个学说的精华部分，与自己的思想相结合，形成了其独树一帜的思想体系。他渊博的

① 将儒家思想与《圣经》作比较，是因为儒家思想并非宗教，而在中国除了国家机构，并没有类似于基督教会的组织负责宣传并落实。

② Confucius是孔夫子或孔圣人在拉丁语中的译名，其真正的名字叫孔丘。

③ “子”在中文里是表示“圣人”的后缀语，“老子”字面意思为“年长的圣人”，但他的真名为“李耳”。

④ 在第一章中我们提到“融各家之所长”的能力是一种独特的中国价值，它根植于中国文化“兼容并蓄”的特点，而这一特点也造就了中华文明的源远流长。

思想不仅来自之前的文献资料，更获益于其在乱世中（周朝分封制度开始瓦解并向后分封时期转型的过程）周游列国的经历，以及与不同年龄、不同生活背景的百姓接触的际遇。正如著名历史学家钱穆所说，孔子“抓住了时代的精神”。由于集中体现了人文关怀和中庸之道的思想，孔夫子无论在什么时代都不同程度地受到大家的尊崇。

受儒家思想的启发，汉武帝（前 156—前 87）意识到维持政治稳定和社会秩序需要一个统一的思想体系作为基础。为了找到合适的思想体系，朝廷从互相竞争的学说中选出三个作为备选。在朝堂上，一些谋士借鉴先秦的专制统治，倾向于老子的思想，提议采纳其在《道德经》中提出的“无为而治”。第二个备选的是法家学说，但由于其与秦朝统治关系紧密而遭到质疑，秦朝官员中大都奉行法家思想，过度使用酷刑，其残暴的手段加速了王朝的覆灭。最终，汉武帝选择了儒家思想，并在公元前 136 年宣布将其定为“国教”。

独尊儒术的困惑

对于汉朝朝廷为何采用儒家思想作为国家统治思想的原因，在中国学者以及西方汉学家中一直存在争议。有评论家指出，这是由于儒家思想中的专制思想因素受到汉武帝及其以后历代帝王的青睐，因为它能帮助巩固王朝的集权统治并为其提供合法性来源。在此，我个人认为，从现代政治科学角度出发应当可帮助我们追溯找到其真正的动因。如果我们了解了汉武帝当时遇到的挑战和客观因素，或许有助于回答这一问题。

古代中国在周朝分封制度瓦解之后，于秦汉时期开始（公元前 3 世纪）建立帝制国家。在接下来的年代中，土地从之前的各个封地解放出来并可以自由买卖。结果，在汉代最初的半个世纪中，土地集中于少数有权势的豪门手中，这个现象愈演愈烈，最终导致了大地主阡陌延连，而贫者无立锥之地。更严重的是，它导致了以大地主阶层为代表的经济势力与世袭皇权之间前所未有的对立。到汉武帝时期，他目睹豪门继续购买土地进而不断增强了自己的势力，这严重威胁到了皇权的统治。从现代政治科学中权力管理的角度来分析，汉武帝的行为可以理解为运用伦理思想的武器来调整权力关系，以此制约不断增长的大地主们的经济势力。但是，正如许多现实主义的批评家提出的，如果汉武帝仅是需要寻找一种思想理论为王朝的集权统治效命，他完全有更好的选择——就算不采用已失信的法家学说，还有墨家思想可以选择。墨家思想以墨子命名，墨子原名为墨翟，其思想堪与英哲托马斯·霍布斯相比而更甚之，而后者一般被认为是英格兰民主革命前皇权统治最有力的维护者。

为便于比较，我们需要一些笔墨简单介绍一下霍布斯。在英国内战时期，托马斯·霍布斯坚决拥护君权的至高无上。霍布斯基于“大自然状态”假说得出结论：人民需要一个强权政府来维护和平并实施制裁来抑制人类固有的不合群的倾向。[①] 在霍布斯的绝对主义理论中，人们只能在绝对权力（如君权统治）以及完全的无政府状态中选择，除此之外，别无其他社会治理的形态。

① 值得注意的是，“人性本恶”的观念来自于基督教中的“原罪”概念，这与儒家思想相信“人性本善”却被社会环境腐蚀的假设背道而驰。

霍布斯将他的君主称为“肉体的上帝”，他的手上同时握着宝剑和牧杖。

在墨子和霍布斯关于绝对统治者的理论中，有许多相似之处。第一，墨子相信人生活在“混沌”之中，这与霍布斯提出的在无统治者状态下的“大自然状态”相似。在墨子看来，统治者的权力是上天赋予的，而霍布斯则称君主为“肉体上帝”，这就好比墨子将统治者视为“天子”，认为既然统治者的出现是为了结束社会混沌的状态，那么他一定拥有至高无上的绝对权力。此外，国家的主要作用是制定“对与错”的标准。既然天子是用上天授予的权力管理社会，那么他的命令就是上天的意志，理应被所有人遵循。在墨子看来，服从天子的意志是整个社会和平与富足的开始。

与之相比，尽管孔子将君臣关系列为各种关系之首，但他并没有如墨子一样看待统治者的权力问题。一位孔子政治理论的评论家认为，孔子的政治思想是将他的人文思想运用到国家事务的治理上。根据这位评论家所言，孔子毕生都在身体力行他所倡导的“有教无类”的普世教育。世间没有一个封建主子喜欢自己的臣民受教育，因为教育能解放人们的思想，能促进自主思维而不只是盲从他人的想法。因此，孔子普世教育的思想必然使其成为封建制度及以后王朝统治者的潜在威胁。

不仅如此，汉武帝是在人称“亚圣”的孟子（约前372—前289）将儒家思想进行修正及扩充后才将其定为“国教”的。孟子是儒家思想最重要的继承者之一，他阐明了孔子学说中模糊的部分，直截了当地提出了“民为贵，社稷次之，君为轻”的治国之道。他甚至比孔子更深入，在回答一位弟子的问题时，明确地提到百姓有权推翻一个糟糕的君主，这等于是“诛一夫”而非“弑君”，因为一个不称职的暴君已经不是君主而只是“一夫”了。儒家思想中最独特的见解就是知识（以及节操）[1]比财富更重要，并且认为国家须有堪称君子[2]的人来统治或者辅佐治理国家。

通过以上的辨析，如果汉武帝真的要通过一种思想来统治百姓、巩固王权，那他舍墨子学说而用孔孟之道的做法只能说明他当时神志不清。这明显说明汉武帝有其他的考量，他考虑的是豪门兴起的现实，这些豪门依赖他们拥有的大量土地而大肆敛财，由此实际控制着整个经济的命脉。除了改变社会的准则使得财富不再是获得权力和尊重的手段，汉武帝还能找到更好的办法吗？一旦儒家学说成为治理国家的第一准则，那么一些不可继承的因素（包括道德和能力）将取代可继承的财富（如土地所有权），于是儒家思想成为界定社会阶层的新准则。

知识成为选拔官员的新标准

随着知识重于财富的观念日益牢固，如果国家创立一个制度体系来决定谁拥有正确的知识并可以被选拔为官，那么国家就实际掌握了社会升迁的大权。由此，国家就不用担心经济势力会僭越政治统治。这些考量推动了新的精英选拔制度的产生，即由原

① 孔子对于美德的看法与柏拉图有几分相似，后者承袭了苏格拉底的思想，认为知识就是美德，这在柏拉图的《理想国》中有所阐释。

② “君子”一词尽管在许多场合都被译为“儒家的绅士”（Confucian “gentlemen”），但更准确地说，它是指既有知识又符合儒家“美德”标准的人。

来的察举制度[①]向科举体系的转变。尽管正式和正规化的科举制度直到隋朝才真正确立，但察举制度已首度为精英流动打开了大门，所以才有可能使得平民出身的公孙弘（前200—前121）成为汉朝丞相，开启布衣卿相之始。相比之下，人们不禁要问，在西方，何时才有如公孙弘一样布衣背景的平民首次获得类似的优越提升呢？

“儒化”使中国早早进入了“单一职业”社会

正如前文所说的，中国的“儒化”过程，产生了深远的影响和后果。本文中，“影响”指相对正面的结果，尽管并非预期，而“后果”则指意料之外的较负面的结果。因为这两种结果相互联系，我们就在下文中一起讨论。有些在前文中已触及的结论在此重复提及，是为了给读者提供一个更全面的评价分析。[②]

尽管我们不必一再重复儒教在文化统一上的功能，但我们应注意儒家的经典思想作为科举考试的审查内容，体现了儒家思想的重要性。即使在科举体系建立前，汉朝早期的察举制度下的审查官也同样会在面试中考查被试者对于儒家思想的掌握程度。[③]

科举制度产生了独特的文人士大夫阶层，这一阶层由三部分人组成：第一是士大夫，他们通过科举考试，在官场中任职；第二是有抱负的年轻人，他们寒窗苦读，励志通过科举入仕为官；

① “察举”是汉朝早期的官员选拔系统，在这一制度下，出身草根阶层的贤能将被地方官员举荐到中央，由朝廷决定是否接纳并在庞大的政府行政系统中委以合适的职位。可参考钱穆先生的相关著作。

② 本章讨论立足于我在1985年的论著并有所扩充。

③ 如果是对部级（ministerial position）职位的人选考核，皇帝将亲自担任审查官。

第三是已退休的官员。这些士大夫辅助君王，成为国家实际的管理者。无论王朝如何更替，他们依旧保持了国家统治机制的延续性。总的来说，文人阶层的领导是确保社会秩序稳定的关键。

科举制度还产生了一个“单一职业”的社会。在这样的社会中，只有入仕为官才被视为真正的成功，除了能拥有大量的赏赐之外，还能享受常人无法企及的特权。其他所有职业，就算是家财万贯之人，都一样受到轻视。没有被科举授予功名的人，即使家庭富裕，也无法享受同等的权利和声誉。[①] 尽管 1451 年后，财富可以用来买官，却也不能买到通过科举考试而成功的人所享有的尊重。

国家通过科举制度控制社会流动导致了政治上的成就远胜于经济上的成功，同时也造成商人阶层在社会中地位较低，以致每一位从商的父亲都希望自己的儿子能努力读书，通过考取功名来光耀门楣，以提高家族的地位。

昂贵的教育开支，使得本应重新投资在商业中的资金被转移，最终致使财富很难代代相传（加之许多商人的儿子长大之后并不希望子承父业）。

由于知识与脑力以及父亲通过科举而得到的功名都是不可世袭的，所以每一代人都要通过自己的努力重新开始，这创造出了一种在西方闻所未闻的社会精英周期性的“向下流动”现象。

“向下流动”造成的统治阶层的职位空缺，为许多有志青年通过科举入仕创造了更多的机会。

① 例如，在未被科举授予名号的家庭中，没有人能坐八抬大轿，即便他们完全负担得起也无济于事。这些人只能坐少于八个人抬的轿子。

同样的，社会“向下流动”的特征巩固了中国社会的农村基础，因为在“单一职业”的社会中，那些科举失利的人除了回到自己的家乡别无其他选择。

中国从封建时代直接过渡到“福利国家”[①]，不同于西方通过工业发展产生的中产阶级而走向民主。

儒家思想构建了社会流动的通道，因而在既有体系下形成了稳固的身份认同以及社会本身的稳定性，直到现代中国遭遇亡国灭种的威胁时，儒家思想才遇到挑战。

只要儒家思想依然为大多数人相信，其作为国家的理念就会得到保留，即认为只有充满智慧又洁身自好的人才有资格在政府中任职。[②]

分析到这里，我必须补充一点，国家对社会流动的掌控，不仅造成了一个“单一职业的社会”，同时也不可避免地导致了国家大于社会的现象。这一传统即使在1905年科举制度被废除后依然难以消除。需要说明的是，这一传统是科举制度的产物，并非产生于儒家思想，而这往往被许多只凭直觉而不进行思考求证的评论家所忽略。

儒家思想是主流，但不是全部

批评家常假设儒家思想在被汉武帝立为“国教”后便成为了

① 这具体指政府参与的许多项目，如市政工程建设、教育、扶贫救济，甚至是一些直接参与的经济活动，如盐业垄断。

② 深受儒家思想影响的新加坡的官员录用体系（包括政府高级官员和法官等）则承袭了这一理念，具体体现在他们用高收入来吸引人才担任要职，例如，总理一年的收入为110万美元，紧接着是最高法院法官的收入，为100万美元，其他官员的收入虽然不及前两者，但依然非常可观。

中国的正统学说。基于这一点假设，他们从两方面批评儒家思想：第一，它取代了所有其他学派的思想，造就了所有中国人的“单一的思维模式”；第二，中国所有的问题都可以归咎于孔夫子，因为他的思想在成为正统后引导或误导了所有的政府政策和决定。[①]这个眉毛胡子一把抓的指责值得我们深究，不仅因为这唤起了人们探寻真理的好奇心，也有其他原因。当儒家思想在1995年以后再度被重视，我们必须搞清楚，如果过去关于儒学的弊端的批评都是正确的话，当今的儒学复兴就应该尽量规避这些负面作用。

密歇根大学侯服五教授通过追溯中国各朝代的历史仔细地研究了这一问题，发现历史记载中封建中国的统治者并非一直是将儒家思想作为唯一的正统思想。

侯服五指出，首先，许多由儒学家记载的历史文献中清楚地表明，汉武帝并没有诋毁其他学派的思想，这与人们通常所假设的情况不符。汉武帝对儒家思想的兴趣仅止于公元前136年所颁布的采取儒教为“国教”的圣旨。事实上，在汉武帝统治时期，尽管他的幸臣董仲舒是一位彻头彻尾的儒生，但是也有许多与汉武帝亲近的大臣是道家和法家思想的支持者。不仅汉武帝没有将儒家思想视为正统强加于国人并排挤其他学派，而且汉武帝的继位者也不曾这样做过。即使是被许多历史学家认为是正宗儒生的汉宣帝，都不曾如此。尽管他在朝中设立了皇家朝会殿，专门用来为儒家的经典思想正名并解决其中一些存有异议的问题，但

① 这一批评最早出现在20世纪初，后来在胡适（留学康奈尔大学的学者）及其他人领导的“批孔运动”中全面爆发。

是他并没有固步自封，并不盲目跟从儒家思想来处理国事。相反，他还经常参考法家的治国理念，同时，他也不愿意将儒家思想作为正统学说强加于知识分子阶层。①

在之后的 3 世纪至 6 世纪的 300 年中，中国历经六朝的分分合合，其中见证了道家思想的盛行以及源自印度的佛教的渗入，而儒家在这一时期则相对式微。尽管科举考试在当时已发展到了一个新的高度，对儒家经典的掌握是考试的重要内容，但根据记载，儒家思想从未是决定儒生们成败的唯一标准。在这一时期，许多非儒家思想，甚至是反对儒家的学说都得以在统治阶层中流行。公元 666 年，中国正处于历史上最辉煌鼎盛的唐朝时期（618—907），一位皇帝将老子——这位本土宗教道教的创始人，追封为“太上玄元皇帝”。

官方对于道家学说的支持一直持续到唐朝之后的朝代。例如，在之后的宋朝时期，朝廷主动资助道家典籍的编纂并支持建造道观和道家经典的藏书阁。宋徽宗甚至自封为“道君皇帝”。而在元朝，道士甚至被授予官衔及其他特权。

这类的例子不胜枚举，仅从以上的事例中我们已经可以得出结论，即中国文化独特的包容性，使得儒家与道家、法家及其他学派学说并存的情况成为可能。同样，皇帝选拔不同学派的官员供职于朝廷也成为了一种惯例。这也是为什么皇帝们虽然公开承认儒家思想为国教，但是他们实际制定的政策却往往以法家思想作为指导原则。

在唐朝之后的所有朝代中，皇帝一直沿用一个标准来选拔政

① 除了参考侯服五的论著外，此处的讨论也借鉴了权威史书《资治通鉴》。

府高官，那就是通过科举录用才华出众之人。尽管科举是以明确的知识作为终极标准，但是没有硬性规定这些考查的知识一定要出自某一学派或答案要接近某一特定的观点。虽然研究儒学的历史学家和作者常常夸大儒家思想在政策制定中的作用，但是回顾历史，儒学其实只能说是较其他学说更受重视而已。

儒学塑造了独特的民族性格

第一，孔子重视教育，但他却不提倡他的弟子们专攻计谋，如玩弄技巧、巧言令色，抑或吹毛求疵来攻击别人以显示自己的高明。相反，他强调的是全面教育，注重礼、乐、射、御、书、数这“六艺”的全面培养。他教人隐忍，告诫人们要学会包容，不可过多显山露水[①]，要是用现代的语言表达，这就叫作人文教育。在儒家经典之一的《大学》中，就列举了所有君子追求的目标——“修身、齐家、治国、平天下”。同样的观念在由孔子的弟子们整理的《论语》中以不同方式多次提及。孔子毕生都在追求仁义孝道。不同于亚伯拉罕意识形态，有关“人性本恶”的说法，孔子相信人性本善，只是受社会环境的影响才一步步走向堕落，所以教育的真谛就在于净化被腐蚀的人性，使其重归本性，而政府的作用就在于协助祛除社会环境中的不良因素。尽管“仁”的思想内涵丰富，而孔子也有许多不同的解释，但在英文翻译中，它被定义为“善心”，也就是人的本性在被腐蚀前最纯真的

① 在此我想要说明（区别）罗斯提出的“批判性思维”，即质疑他人观点的能力，并不是在所有情况下都是有学问的表现。

特征。[①] 如果“仁”被视为立国之本，成为政府行事的原则，那么其结果将是“仁政”。

根据以上对人性的假定推测，我们可以得出两个结论：应该清除社会中那些腐败堕落的思想的影响，因此政府就担当着教育民众不可或缺的角色；人们在有益教化的社会中发展而非在孤立的环境中实现内心的满足，因此强调“人是社会中的人”的观念、而不是像西方强调个体“救赎”。除非整个社会环境被净化（通过教育和政府培养），不然个体很难被教化。如果用宗教的语言表达，就是个人的救赎离不开集体的救赎。因此，中国人视集体福利高于个人利益的观念就是来源于这一逻辑，正所谓“皮之不存，毛将焉附”。

在密歇根大学汉学教授孟旦早期的论著中，他提到“人是社会中人”的观念建立在人性平等的基础上（这与一般西方人对儒家思想的印象恰恰相反），其结果是通过适当的教育（借用经济学的术语，称为“社会附加值”）帮助个体发挥潜能，实现自己的抱负，从此最终确立起社会的规范。从儒家的观点看，精英不应仅考虑提升自己的价值，更应该将实现集体的利益视为自身的主要目标。个人禀赋和成就各异，最终形成由“圣贤、才智、平庸、愚劣”组成的不同的社会集团。

第二，孔子的中庸与博采众长充分体现了中国文化兼容并蓄的特点，就如孔子汲各家学说之长与自己的思想结合，形成了儒家思想的主体一样，同样也反映了一个兼容并蓄而集大成的特性，

① 所有儒家思想的信徒都接受孟子关于人性的观点，即人性不仅是可改正的，其本身就是善良的，虽然人性也有可能被社会环境所腐蚀。

这也是中国文化的本性。例如，虽然邓小平提出建设“具有中国特色社会主义”的目标看似是为了向西方思想看齐，实际却恰恰集中体现了中国人自孔子开始兼容并蓄的特征。不仅如此，邓小平提出的这一目标也是一次能力挑战，因为它需要结合两组相互矛盾的思想，一组是中国传统和马克思主义（毛泽东时代），另一组则是社会主义计划经济和资本主义市场经济（邓小平改革，详见第六章之后的章节）。

第三，正如前文中提到的，孔子影响了科举制度的建立。科举制度取代了之前贵族治国的传统，采用任人唯贤的标准选拔官员。这些出身士大夫的贤能之人，是自汉朝开始逐渐实现实际管理国家的行政主体。孔子的仁政思想及其对官员提出的要无私奉献社会的要求，使得传统中国并没有人们想象的那么专制和残暴。此外，孔子重视御史大夫进谏的作用，它能有效抑制君主的过度集权。这样的观念也鼓励除了谏官以外的官员要注意提醒君王在社会中出现的不满。尽管谏官在每个朝代中的作用不同，但是有意思的是，每当谏官或是其他官员有意劝诫君王时，他们总是引用儒家思想作为是非对错的标准或是自身观点的佐证。

第四，也许孔子最突出的贡献就是他对政府角色的定义，在他看来，政府的职能在于推行仁义，实行善治。具体来说，政府需要在开化民智和清除社会不良风气方面起到积极作用，同时也承担保护并滋养民众的责任。

简而言之，儒家思想的经久不衰以及一直以来中国人对孔子的尊崇，很大程度上当归功于孔子对于知识和智慧的重视。相较而言，墨子同样推崇智者和贤人，但是他的思想在其死后并没有广为流传。在当代中国一位著名的哲学家冯友兰看来，儒家思想之所以能够千古流传，全在于其“理想与现实并具，实际却又不浅薄的特征”。回顾历史，尤其是 1995 年后，儒家思想在共产党统治下的中国开始复兴，笔者不禁要问，是否还有另外一个因素促成了儒学的源远流长。事实上，这一因素就是儒家思想秉承了中国文化及中国人精神的核心——兼容并蓄，即集百家之所长而不是墨守成规地局限于自身的正统理论中。

二、资本主义的不发达，是儒家思想的过错吗

若将中国和西方的发展史进行比较，一个突出的不同就是中国在封建制度[①]结束后并没有进入资本主义社会，而在欧洲，情况恰恰相反。但是，这并不意味着在中国没有市场和贸易，而只是说中国缺少西方意义上的“私有资本主义”。

直到近些年，西方主流观点仍应和着马克思·韦伯的说法，认为儒家思想是阻碍资本主义在中国发展的罪魁祸首。[②]韦伯堪称当代西方社会科学之父，对于儒家理论持非常消极的看法，这与他对于新教伦理的态度形成鲜明对比。他认为，尽管儒家思想的主要学说在形式上是理性的，但是它“缺乏一位在伦理上超现世的神”，因此“缺少一种统一的核心价值观”。正因为其缺少像新教那样有宗教热忱的功利主义，韦伯发现中国的企业没有将

① 与许多当代中国著作用“封建”泛指1949年以前的中国不同，我此处所说的“封建制度”是指于公元前3世纪终结的周朝封建体系。这里说的“领主”就是周朝封建制度的诸侯。

② 自赫尔曼·卡恩开始，西方观点开始发生转变。在卡恩的领导下，大多数评论家（分析家）开始认同“亚洲四小龙”取得令人瞩目的发展成就应归功于其共有的儒家思想的影响这一观点。

收入再次投资到资本主义体系中去的冲动。此外，他还发现儒家思想所强调的“和谐”并没有使中国人为进入充满竞争的资本主义世界做好准备。

基于上述原因，韦伯预计中国并不具备发展资本主义的优良条件。在他的理解中，“资本主义”基本上等同于经济发展。于是说如果没有资本主义，国家就不会繁荣。有鉴于今日中国（与东亚）之经济蓬勃，人们则会好奇，要是韦伯仍然在世，他会对2008年华尔街的金融风暴作何评论。套用韦伯的理论，既然中国在公元前3世纪周朝瓦解，封建制度结束后没有发展出资本主义，那么中国在后毛泽东时期所取得的令世界瞩目的经济成就也并非因为资本主义的发展。我们将在后面的章节中讨论后毛泽东时期的发展，但我们理应先解决为何在相应的历史时期中国没有发展出像西方一样的资本主义。

我们之所以要研究这一问题，并不是意识形态的需要，而是因为这个问题的答案既关乎对传统中国的认识，又与当代中国的发展有紧密关联。不过，为了作出更有意义的比较，我们需要先简单梳理一下私有资本主义是怎样在欧洲封建时期以后萌发形成的。[①]

技术创新使欧洲向资本主义转变

用最简单的语言概而言之，封建主义是一种政府管理模式，但其核心关系不是统治者与被统治者，也不是国家与公民，而是领主和诸侯。封建统治在欧洲的终结在很多方面清除了阻碍资本

① 详见库尔本关于世界封建制度的比较研究。

主义发展的落后的制度安排。在欧洲的封建时期，农民像奴隶一样被迫为领主干活，没有任何技术创新的兴趣。领主们也无需劳作买卖，更别提会有任何创造力，他们只知挥霍或将钱花在军事装备上，全无开发新技术的动力。然而在后封建时期，这些情况彻底改变了。技术创新导致了贸易扩张，进而演变为对制造产品的大量需求。例如，英国庄园制度的崩溃造成佃农阶层的产生，他们可以自由买卖商品并积极开发新的技术。16 世纪，国际羊毛贸易的丰厚利润，刺激了领主们开始圈地牧羊而非种植粮食，这在历史上称为“圈地运动”。

羊毛贸易的进一步发展使得原来的领主逐渐转变为新的商人阶层（中产阶级），形成了一股能与国王抗衡的新的经济力量。这一发展预示着资本主义经济和议会民主在英格兰共存的开始。资本主义的影响早在英国内战（1642—1651）爆发之前就渗透到大部分农村地区。在削减了国王的权力之后，内战为圈地领主们扫除了发展贸易的最后一道障碍，也使英格兰进入了被巴灵顿·摩尔称为“地主委员会”的治理时期，其后又演变为议会制度。尽管贵族体系得以保留，然而它的基础已不再是血缘而是金钱，同时，正如扎戈林所指出的，英国议会成为资本主义发展的重要基石。

在欧洲的其他地方，封建统治从中世纪一直延续到 16 世纪。封建庄园主几乎都是自给自足，在市场中的地位有限。这阻碍了资本主义的发展。但是，封建时期结束后的新技术和新发现，尤其是在农业与海外开拓领域，使得资本主义开始兴起。用马克思的话来说，由封建主义向资本主义发展中最重要的转变，就是从奴隶的土地向领主的资本的转变。① 当先前的领主转变为企业商人，封建社会向资本主义的过渡也就完成了。这一过程通常被称为中产阶级革命，它为之后的民主革命或西方民主奠定了基础。而在这次革命中，英格兰是当之无愧的领跑者。

为何资本主义没有在中国兴起？

由于许多原因，欧洲从封建时期向资本主义社会转型的模式在周朝结束后的中国没有出现。其中部分原因是有关社会形态的，而另外一部分则是社会风气及文化方面的，我们将在后文中逐一分析。

首先，与西方帝国时期（罗马帝国）过渡到封建统治不同，周朝封建体系结束后紧接着是中国第一个帝国的崛起，从秦朝到汉朝，帝国初见雏形（公元前 3 世纪）。我要强调，这个差别并非由于这先后转换的时段不同，而是在中国帝制兴起后的权力结构使然。② 由秦汉两朝所奠定的帝制基础一直影响着其后的 20 多个世纪。

在西方，从封建时期到资本主义的过渡可以简单地概括为一种双重变形，即先前的奴隶变为自由民众以及先前的领主变为新兴商人（中产阶级），并且两者之间是一种契约关系。与之相反，大汉帝国的崛起是一个农民家庭（刘氏）在起义胜利、推翻秦王朝并打败其他多股势力后取得的。同时，一大批草根出身的有识之士和战功卓越的军事领袖也被提拔到朝廷供职。更值得一

① 详见福克斯谈及马克思《资本论》的论著。

② 尽管博德认为汉朝后的国家分裂（221—589）可以被视为中国历史上的第二次封建时期，但是其性质已经完全不同，更何况在此时期后也未出现资本主义的兴起。

提的是，在前朝（周朝和秦朝）供职的平民官员、商人以及普通农民在周朝瓦解过程中开始要求土地的自由买卖。在这些土地买卖的地主中，最大的成为了豪门并最终威胁到王权统治。这种财富与皇室血脉之间的对立最终导致了汉武帝于公元前136年实行改革——立儒学为国教，推翻了以财富决定社会地位的固有观念，重新确立标准，即以知识为标尺。自此之后，仅两个阶层的人才有资格管理国家，皇室家族和被国家认可的士大夫阶层。

所有上述因素导致了中国“单一职业社会”的形成，“万般皆下品，唯有读书高”。在此现象下，所有人包括商人都争相把钱投入到下一代的教育上去，希望他们能通过科举入仕为官。这与西方“从领主到商人”的转变极为不同。没有自我维持的商人阶层，私有资本主义就不可能兴旺发展。尽管如何炳棣所言，在1451年后，“财富一般都可以转化为学术官僚上的成功”，但是金钱仍需被转变成科举制度认可的形式，结果导致了买官卖官的出现。19世纪中叶太平天国运动爆发后，“买官卖官”的现象又以新的形式出现，叫作“捐生”。正如前文中所提到的，即使在这种以金钱换地位的现实下，仍然清晰地看到了“财富的消逝”，这同时也抑制了商人阶层的发展。

如此观之，韦伯所作出的儒家思想抑制资本主义发展的结论是正确的，因为以儒家学说为核心所确立的科举制度在很大程度上是用知识取代财富作为社会升迁的衡量标准，由此便阻碍了商业文化的发展。但是，韦伯的结论却不是基于正确的理由。这恰恰为当代学者将“亚洲四小龙”的经济成就归因为儒家影响提供了依据。

另一个阻碍资本主义在中国发展的因素是汉朝（继秦朝以

来）在公元前 127 年废除了长子继承制。在以前的制度下，土地以及所有其他财产都仅由一家的长子继承，废除这一制度是为了防止封建世袭特权继续衍生所做出的努力，其结果是却导致了家庭财富的均分化。这同时也意味着土地成了可以自由买卖的商品。废除长子继承制最终造成了家族财富由于分化而逐渐消逝，使得资本化和再投资的过程受阻，而这两个恰恰是促进资本主义发展的重要因素。

如果说资本主义的主要特征是个体合法拥有私人财产，那么中国传统的家族共有（而非个人）财产的观念同样妨碍了私有资本主义在中国的发展。巴克斯鲍姆称之为“家庭共产主义”。尽管这种传统与儒家思想注重家庭的理念有关，但是在废除长子继承制之后，这一理念被过分地曲解，从而加速了家族财产的流逝。仅需要几代人，将财产均分给每个子嗣的做法就会极大地削弱财富的数量，以致最终消失。

导致私有资本主义停滞不前的最重要的因素，是国家直接干预经济发展，例如国家对盐、铁和酒类的垄断。这一现象始于汉武帝时期，当时连年的战争和基础工程建设几乎使国库耗尽，所以亟需补充。除了提高税率来增加收入，汉武帝扩大了（由秦朝首创）国家垄断的行业范围。而这种垄断方式为其后的历朝历代及国民政府所效法。

更值得注意的是，政府干预经济的发展模式一直根植于中国的政治传统中，并延续至今。[①] 除了在上述提到的领域中实行垄

① 即使在今天的中国台湾，依然存在政府对烟酒、钢铁、石油和船舶业的垄断，而在中国大陆同样有控制一些关乎国家命脉的重要国有企业。

断，为了平衡经济，国家也允许中小型的企业自主发展。在某些特殊的情况下，国家会通过发起项目的形式参与经济发展，例如在采矿和其他一些领域，也允许私营企业在政府监督下进行实际操作，这叫作官督商办。这一做法集中体现在19世纪，当时为了抵御西方入侵，朝廷急于在造船和军火领域实现现代化改造。由于缺乏更好的术语界定，我们暂且将这一体系称为国家主导的混合经济，甚至是半独立的资本主义模式，虽然半独立的资本主义发展很缓慢，但私有资本主义毕竟没有消失。而关键问题是这一传统经济模式在多大程度上影响了邓小平提出的社会主义市场经济改革，此次改革取得了巨大成功，被称为“中国模式”，尤其在2008年华尔街（私有资本经济的尖端代表）发生金融风暴后更是引起了世人的极大关注。

三、儒家思想和当代中国

儒家思想的几个不足之处

从以往的观点看，我们这里所指的儒家思想的“不足”，可能是事后回顾时发现的不曾预料到的某些欠缺，原因有二：第一，可能是它要求的标准超出了普通人，即使是有好的教育，甚至有政府的督促，也未能达到的；第二，它的一些学说可能被政客们变相用来谋求自身发展而非为大众福利。例如：

出于对“君子”的过度理想化，儒家学说积极推动效法古代明君治国的先例，而非依法治国。在孔子看来，最理想的治国人选莫过于像传说中的尧、舜、禹和汤一样的明君。孔子对于这种治国方式的偏好在于，他认为像这样的贤君，他们的才能和正直能胜过专断（甚至过时）的法律。然而，这一理想在缺乏明君的情况下便会演变为中国历代进行人治而非法治的传统。

由于提倡容忍，并贬低可能导致自我膨胀的批判性思维，孔子实际上积极倡导对各方面权威的顺从。结果，每一代的中国人，无论精英还是平民，都将权威的意志视为神圣而不可侵犯的。这也导致了许多社会流弊的出现，如父母的狂妄，长者肆意行为，夫妻间关系不平等以及专制帝王拒绝接受御史大夫和其他官员的谏言，等等。在当代中国，人们对权威的服从可谓有过之而无不及。至少在王朝统治时期，“天命”可能会丧失的观念还使得民众推翻暴君成为可能，但是这一传统在现代化的进程中却已无形消失。虽然孔子并不主张盲从权威，但这种思想却是从他过分强调教人心善敏慧却忽略批判性思维的教诲中逐渐演化出来的。具有讽刺意味的是，最初培养人性向善的教育模式却最终成为了儒家思想的不足点，还被一些位高权重的人所滥用。

孔子对集体观念的强调也可能成为其弱点之一，因为它会造成对自我的否定。集体观念最初仅附着于个人所归属的家庭、部落和社区，随着现代化的逐步推进，这一概念逐步扩展为整个国家。于是乎，中国的民族主义（国家主义）变成个人化，导致了中国人对民族被蔑视非常敏感，因为观念里这就等同于对个人的侮辱。孔子提倡的孝道有助于维持社会稳定。正如夫子所言，一个孝顺的儿子几乎不可能在外作乱。事实也确实如此，忠臣必出自孝子之门。古代帝王以孝治天下也发现宣扬孝道是一种使臣民效忠朝廷和国家的有效手段。但内中也有一个“绊脚石”，即一位倡导孝道的君王必须以身作则。而这一前提便给皇太后揽权创造了条件。必须承认的是，在中国历史上虽然不是所有皇太后都干涉朝政，但是也有许多都有干涉国事的习惯，她们甚至可以改变君王已做的决定。在一些极端情况下，皇太后还会僭越君王的权力。其中一例便是唐朝的武则天，她废黜了年轻的皇帝而自己登上帝位，并改国号为“周”，自己称帝统治国家。所有这些事例都体现了中国帝王史上特有的“皇太后综合征”，而这正根植于贪恋权力的皇太后们利用儒家提倡的孝道制约并操控君王的行为。儒家思想的另一个不足，在密歇根大学哲学、汉学教授孟旦晚年的著作中被提及，他在书中对儒家传统和当代中国进行了比较。他发现在许多对儒家思想的总结中，其中有一条是教导人们明确“他们所从事的工作的意义或是他们被要求这样做”，从而为愚民政策提供了理论根据。

怎样更好地理解当代中国

到目前为止，我们坚信对于中国历史的深入研究将有助于我们更好地理解当代中国。接下来，我将试举几例说明这一观点的正确性。我明白有些例子可能只能提供一个大概的框架，但是如果他们能启发我们更好地理解现实，那么我们所花费的努力也是值得的。

从最抽象的层面上看，汉朝后的中国在其后的近2000年间，可以说是一个帝国。它有两个政治组织，在上的称为国（主要由皇族、各朝代的统治者及其官僚阶层组成），另一个在下的组织称为家（主要由家庭、家族以及协会和地下社团等组成）。实际上，将这两者合称，就成为了汉语中的“国家”。在家与国之间起连接作用的就是士大夫阶层，他们大都出身寒士，却效力朝廷，为皇室管理国家。

随着现代化的深入，由科举制度所造成的“单一职业社会”的影响正在逐步减弱，由此产生了更多的促进社会流动的渠道。自邓小平改革后的三十多年间，中国经济发展稳定，其中也见证了新一代城市人的崛起，他们生活更加富裕，受过更好的教育，也更符合现代化的需求。许多拥有奉献精神的年轻人，仍然把在党内或政府机关谋职视为实现自身抱负、回馈社会的有效途径，这与过去深受儒家思想影响、勤奋工作的年轻人极为相似。不过这一点似乎在变动中。近年来因持续经济增长而致富的一批企业家的出现，造成了两个畸形却又现实的变化：第一，拜金文化似乎对一些青年才俊们产生了影响，不论是最聪明的还是最有进取精神的，大多数人认为当今的人生目标不是如古时的为国家效力，而是为个人的物质利益而奋斗。第二，对金钱的渴望（用金钱可以买到的物品），腐蚀了许多官员的基本道德，其中不乏党内的一些高官。

“资本主义”这个词，尤其是再在前面加上“私有”二字，仍是非常敏感的词。若是从政治正确的角度考虑，“市场经济”则更容易被接受，因为这表明了中国经济的支柱仍是国有企业，尽管其所占全社会劳动力的比例在逐年下降，但是依然占到了60%—70%。对于“资本主义”之潜在消极含义，从传统社会以来就一直是个矛盾。

当今是领导干部取代了古代士大夫阶层的地位和作用，相应的，党纪党风也替代了灌输给士大夫使命感的儒家思想。不仅如此，中国共产党现在还大力提倡“雷锋精神”[①]，给全社会包括干部和群众竖起一种道德标杆。值得注意的是，孔子对于纪律与自律的重视在中国共产党对于党员和群众的高要求中也得到充分体现。这种在全国范围内进行大规模批评与自我批评的群众路线

① 雷锋是一位年轻的解放军战士，他乐于助人、无私奉献，最终牺牲了自己的生命。

教育，使得中国在面对近期的外来挑战时能够逢凶化吉。第一次是 20 世纪 90 年代末的亚洲金融危机，而另一次则是 2008 年的全球金融海啸。

在儒家思想产生的重大影响中，其一便是使知识取代财富作为历朝历代中决定社会升迁的标准。它不仅确立了“文人治国”的理念，还突出了官员录用体系的重要性，而这种在人类历史上首创的“开科取士”体系在中国近两千年的朝代更迭及民国时期，确保了政府结构的稳定性和延续性。我们已目睹了科举制度如何将中国变为“单一职业社会”：一方面国家成了决定社会升迁的权威机构；另一方面，国家大于社会的传统不断延续。这个传统即使在 1905 年科举被废除后的很长一段时间内都无法破除。需要注意的是，所有这些不良结果并不是来自儒家思想本身，而是源于随其建构起来的科举制度，这一点并未被许多人，包括一些汉学家所正确区分。

第三章

超级强国：公元 713—1820 年

至于科技发展为何于汉朝后（公元 3 世纪后）在中国停滞不前，至今也没有人能给出明确的答案。“为何工业革命没能发生在中国？”目前只有从文化和政治、经济的角度提出的一些假设。我愿意尝试提出另一种假设，即科举制度深刻地影响了受教育的中国人，使他们将精力都用来追求书本知识、艺术、书法及诗词歌赋与文章之美的造诣，而这些都是科举所创造的单一职业社会所推崇的。知识分子根本对金钱收益或技术知识没有兴趣，而这些恰恰是科技突破的关键。尽管唐朝一直被认为是中国历史上最辉煌的时代，其间所取得的成就涵盖了从诗歌到军事到对外贸易等诸多领域，但是科学技术却不在其中。我想，这也许是因为渐趋完善的科举制度将个人的才智都引向仕途等并无创造力的职业，使才俊们远离了对发明和致富的追求。

直到不久之前，依然很少有人知道或者在乎以及相信中国在公元 1820 年前的 1000 多年中，一直保持着世界上最大经济体也是超级强国的地位，我们将这一历史时期称为中国的“第一次崛起”。尽管铁证如山，但是数据却很分散，以至于大多数西方学者总是过多关注欧洲的显著成就而并未将中国纳入世界经济中进行讨论，更没有同时讨论中国和欧洲。另一方面，传统中国的知识分子，例如古代政府官员，都太以自我为中心，对外部的世界甚少关注，这也使得缺少对彼时的中国与欧洲进行有意义的比较。然而，1840 年后中国屡屡遭受西方侵略，当这些官宦们第一次目睹了西方统治的世界后，他们对自己的国家失去了信心。直到 20 世纪六七十年代随着全球主义的兴起以及许多专业领域的研究，我们才开始意识到世界体系可以被视为一个“整体”，所有的国家、经济体都是其中有机的组成部分。若将全球视为一个整体，再加以分析，如经济历史学家埃里克·琼斯和安格斯·麦迪森所提供的数据认为，全球主义者们发现，自公元 1 世纪开始后的 18 个世纪中，站在世界舞台中央的是亚洲（主要的是中国和印度），而并非欧洲。

根据可靠数据研究发现，公元1世纪中，亚洲占据了全球GDP的76.3%，而欧洲仅为10.8%。这一比率直到工业革命后才发生转变，由此开始了西方统治世界的两个世纪。撇开固有的欧洲中心论不谈，卜正民甚至在他研究明代（1368—1644）经济和社会的著作引言中提出：“曾经站在世界中心的是中国而非欧洲。”从14世纪末到17世纪中叶（明朝），中国的GDP是世界总量的28%—30%。到了1800年，中国的表现更为突出，占据了全球生产总量的33%。即使是明朝时较低的生产时期（28%）也已经超过了美国于2009年所占的全球GDP的数据（26.7%）。这些发现为重启中国与西方的比较研究提供了依据，有助于更准确地分析历史。

一、古代中国一直是世界上最发达的国家

在整理了许多研究数据后，弗兰克为人们展现了一幅古代中国贸易图，长期出口丝绸、陶瓷、水银，1600 年后出口茶叶，在此过程中，中国成为欧亚市场体系的一部分，一直将贸易扩展到非洲。滨下武志更进一步地重新解读了中国的朝贡体系，认为它是一种以中国为核心的世界经济系统。

麦迪森在综合了从公元 1 世纪到 2003 年间的 20 个国家和地区的经济数据后发现，中国的 GDP 总量自 1 世纪至 1820 年，一直保持着超过东西欧总和的记录。1820 年，中国的 GDP 达到 2286 亿美元（以 1990 年的美元价值为基准），依然超过了欧洲的总量 1847 亿美元（以 1990 年的美元价值为基准）。然而，情况在 1870 年发生了大逆转，中国的经济总量下滑至 1890 亿美元，而欧洲则上升至 4176 亿美元。仔细研究各国的经济数据就会发现，这次逆转主要源于英国的 GDP 从 1820 年的 362 亿美元迅速蹿升至 1870 年的 1001 亿美元。如果我们和许多传统历史学家一样从国内因素分析中国的衰落，那么就很容易得出这是由于中国

国内频发的动乱所造成的，如捻军起义、太平天国运动。但是，综合分析英国自 1820 年至 1870 年间接近 3 倍的经济增长，我们可以发现中国莫名其妙衰落以及英国不成比例的增长的一些线索。其中发现，1840 年的鸦片战争对中国的打击是毁灭性的。鸦片贸易始于 18 世纪晚期，英国人将在印度殖民地种植的鸦片强卖到中国，而中国却抵抗乏术。鸦片战争失败后，中国政府在 1842 年被迫签订了不平等的《南京条约》，给予英国许多特权，条约迫使中国支付高额的赔偿，开放 5 个贸易口岸并将香港岛割让给英国。结果，英国将鸦片出口到中国成为了事实上的"合法"贸易，一路畅通无阻。数以百万计的银两源源不断地从中国流出，逆转了世界贸易的平衡，而在此之前，中国一直是世界经济的中心。回顾历史，鸦片战争才是中国走向衰落的开始，鸦片不仅耗尽国库也严重损害了中国人的身体健康（在中国与其他西方列强包括美国签订的条约中，有一项"片面最惠国待遇"的条款使其他列强都享有了英国在《南京条约》中的一切特权）。之后，中国便走向了长达一个半世纪的衰败，直到近些年，中国的复兴才开始受人瞩目。

英国作为曾经的世界霸主，其在鸦片战争中强加于中国人身体和精神上的痛苦活生生地表明了，在传统西方主导的威斯特伐利亚体系中，霸权国家是如何将自己的意志强加于其他国家的。这一事例也使人相信任何新兴强国都会如此。但是，人们忽略了一处具有决定意义的不同，我们将在后文中详述。英国第一个从工业革命中受益并建立起自己的势力，在当时第一次崛起于世界。相较而言，今天的中国则是处于复兴的过程中。鉴于在威斯特伐利亚体系中并无强国衰落却再度复兴的先例，我们并无标准来预计中国在复兴时将如何表现。这也是我们将在下文中深入研究的问题。

有一些人可能会对全球主义者所持的“中国在西方强国崛起之前曾是世界最强国家”的观点提出异议，认为在科学和技术上缺乏建树的国家不可能有这样的成就。一个国家如果不能展现其在科技创新方面的实力，则没有资格跻身一流强国的行列，这在当下更是如此。但是，一些曾被忽略的历史记载可以证明，中国古代的哲学家，独立于古希腊哲学家和其他文明之外，曾为科学、技术、数学和天文学做出了重大贡献。事实上，人类历史上第一次有记录的对于彗星、日食和超新星的观察都发生在中国。传统中国的草药和针灸技术早在公元前已日趋完善。中国古代的四大发明：指南针、火药、造纸术和活字印刷术更是人类历史上最重要的技术发明之一，而这些技术直到中世纪末期才被欧洲所熟悉。①

至于科技发展为何于汉朝后（公元 3 世纪后）在中国停滞不前，至今也没有人能给出明确的答案。但是，也有人提出了一个发人深省的问题：“为何工业革命没能发生在中国？”对于这一问题的回答，目前只有从文化和政治、经济的角度提出的一些假设。我愿意尝试提出另一种假设，即科举制度深刻地影响了受教育的中国人，使他们将精力都用在书画琴棋之上，即追求书本知识、艺术、书法及诗词歌赋与文章之美的造诣，而这些都是科举

① 详见李约瑟的著作《中国科学技术史》（共七卷）（其中部分是与其他人合作完成，尤其是第一、四和七卷）。

所创造的单一职业社会所推崇的。知识分子根本对金钱收益或技术知识没有兴趣，而这些恰恰是科技突破的关键。大部分研究者仅从主观比较认为中国大部分主要的科学发明和创造都是在科举制度还未完善前出现的，而没有对两者间的关系进行相互比较的分析。例如，最后一次具有启发意义的发明出现在汉朝晚期。据《后汉书》记载，张衡当时发明了技术精密的浑天仪和地动仪。[①]在张衡的时代，科举制度的前身刚刚被确立但尚处试验阶段，当时全国统一的考试只是作为人才录用的补充手段，形式并不规范。直到500年后的唐朝（618—907），科举制度才真正完善且越来越多地受到朝廷和百姓的重视，其影响也才真正发挥出来。尽管唐朝一直被认为是中国历史上最辉煌的时代，其间所取得的成就涵盖了从诗书到军事到对外贸易等诸多领域，但是科学技术却不在其中。我想，这也许是因为渐趋完善的科举制度将个人的才智都引向仕途等并无创造力的职业，使才俊们远离了对发明和致富的追求。

① 详见《后汉书》中的《张衡传》。关于浑天仪和地动仪的特征参见张衡的“浑天说”。

二、中国初次崛起的辉煌成就

从当代的角度看，人们可以将中国作为全球化一极的时间推移至7世纪，或是唐朝的开始，这一时期被大多数汉学家视为中国传统时代政治和文化的巅峰时期。自唐朝开始，中国便成为了东亚地区的中心，而宗教、统一文字及许多政治经济团体则将这一地区有机地结合在了一起。在唐朝时期朝廷所作出的重大改革中，最重要的便是重建了与外部的贸易往来。尽管当时依然与西北的游牧部落时有政治摩擦和交战，但是陆路上的贸易却沿着古“丝绸之路”一直持续着，并未受到吐蕃的扰乱。南方的天然良港也促进了海外贸易，主要是面向东北面与中国素有往来的朝鲜半岛和日本。但是，大量新兴的海洋贸易却在东南亚、印度和波斯湾发展起来。正如鲁威仪所指出的，这一基于海洋的商品贸易将中国与“一个新兴的世界经济体系”联系在了一起。

这一现象一直延续到明朝，当时郑和在朝廷的资助下七次下西洋，历时28年（1405—1433）。郑和，这位被委以重任的太监，率领了240余艘巨大的商船以及包括专业海员、医师等各行业的人在内的2.7万名船员，阵容可谓浩浩荡荡。根据爱德华·德雷尔的研究，郑和的船队堪比日后西方海军史上的几支主要舰队，如1588年西班牙的“无敌舰队”，以及1805年特拉法加之战中英、法、西所有舰队的总和。在这七次下西洋中，郑和与他的船员从中国南方出发，从越南到东南亚，再到锡兰（现斯里兰卡）和印度，再穿越霍尔木兹海峡来到阿拉伯和非洲。

有一位从潜水艇艇长转为海军历史学家的英国人，叫孟席斯，他发现，实际上是中国船队在1421年首先发现了美洲大陆——这比克里斯多夫·哥伦布早了71年。但是与西方海军不断扩张形成鲜明对比的是，由郑和率领的中国船队不曾建立过一个海外殖民地，而且也没有对自己发现的土地宣称主权。

尽管这几次远航的目的并不明确，但是从船队庞大的规模上判断，德雷尔认为中国是为了巩固在印度洋范围内的影响。在这种朝贡体系中，外国统治者和他们的使节会来到中国将本国的珍品进献给中国的皇帝，承认其贵为天子独一无二的地位以及受命于天来治理中原的权力。相应的，这些番邦之人也会收到中国皇帝的回礼，象征着皇帝认可了他们作为藩属国及其统治者的地位。在郑和下西洋之后，朝贡体系便随之扩大，从东亚和东南亚地区一直延展到印度洋国家。据其他文献记载，贸易量也随着此番远航而提升，与外部的交流增加。

这里要特别强调，不仅如此，朝贡体系还构成了滨下武志所谓的区域经济体系。它的存在标志着自7世纪至19世纪早期，这一区域中的国家都认可了中国作为“超级大国”的地位。这一世界体系被费正清称为“中国中心主义”，直到19世纪中期西方武力入侵后才被打破（见第四章）。

康灿雄对19世纪前的6个世纪以中国为中心的亚洲体系间的国际关系作了一系列的比较和统计分析。他发现这与以欧洲为中心的威斯特伐利亚体系和20世纪中期后美国取代英国成为世界霸主后的国际关系有两处明显的不同：第一，在以中国为中心的体系中，各国虽处于表面不平等的结构中却享受着实际的平等；第二，其中发生的战争数量要远远少于欧洲中心体系。①

总的来说，在前两个部分中，王朝时期中国所取得的种种辉煌，也包括经济力量和科技成就。我们同样也注意到了在郑和下西洋时中国拥有惊人的海军实力。这些事例以及长久以来弗兰克所称的欧亚—非洲市场体系中所保持的广泛的贸易往来，足以改变早期汉学家所持有和宣传的错误观念，因为他们总是认为中国是一个封闭自守的国家。徐中约在早期的汉学家中属于一个特立独行的人，他对中国（前现代化时期）的“崛起”有着更积极的看法：

“中国在1800年前曾是一个屹立在东亚的无可匹敌并拥有辉煌历史的强大帝国。她的疆域从中亚地区的断层山脉向东至中国海之滨，从蒙古沙漠延伸到南方的丛林和海岸……这个帝国的实力和富足吸引了亚洲的周边国家纷纷前来朝贡，也促进了与欧洲的贸易和外交往来。18世纪中期至晚期的中国无疑是世界上最先进的国家之一，而其世俗的政治和社会制度也赢得了诸多欧洲哲学家的赞赏。”

① 康灿雄在《国际安全》（International Security）一文及其新书中进一步发展了他的这些观点。

根据弗兰克通过研究经济历史学家安格斯·麦迪森等人提供的数据库所得出的成果表明，先前的汉学家至今都不曾了解中国在1820年前第一次崛起时有多么强大。当时的中国不仅是“世界上最先进的国家之一”，从GDP总量上来看，它更是世界上最发达的国家，而且这种优势一直绵延千年!

下面将提供一些补充信息，以便更完整地展现中国第一次崛起时的真实情况。

早在11世纪，中国就已经拥有了大规模生产的设备。11世纪早期，朝廷的兵工厂每年就能制造超过1600万同款的铁箭头。

13世纪时，中国已出现机械产品。例如，中国北方的纺纱机利用水轮转动传送带产生动力，可以将粗麻线与细支纱卷在一起。这种纺纱机可以有32个纺丝头同时运作。

因此，中国经济早在其初次崛起时就已经发展出了我们通常认为的工业革命所具有的两大关键要素：规模生产和机械产品。问题就在于随后的700年间中国在这些领域便再无进步，这也是我们亟须探索的疑惑。然而在此之前，我们也不能忽视另一个问题，那就是，为什么中国没有借用自身的强势进行海外扩张和殖民，建立一个像大英帝国初次崛起时所造就的日不落帝国?在第八章中，我们将在涉及中国复兴的含义时具体讨论这一问题。

三、中国为什么在近代衰落

回顾绵延不断的中华文明，我们目睹了秦—汉帝国的崛起（公元前 3 世纪），其为日后中国的政治和文化形态奠定了基础。本章中，我们已经了解到中国的第一次崛起始于 713 年止于 1820 年。下一章中，我们将仔细研究中国在 19 世纪是如何无力招架西方的入侵并最终走向一个半世纪的衰落的。但在此之前，我想先仔细考虑一下我们有没有遗漏任何对当代产生了深远影响的因素。到目前为止，我们所谈及的大部分都是中国发展中比较积极的一面。那么评论家们就会质疑我们是否忽略了一些隐性的不足之处，而正是它们对中国的过去和现在造成了负面影响，如缺乏民主意识及法治精神。我们将在下文中检讨这些问题。

中国缺乏民主传统

在前一章中，我们从政治理论的角度探讨了中国缺乏民主传统的问题（如因对儒家思想的使用不当而导致的不足）。在这里，我们将从文化比较的角度进行分析。西方的民主源于中产阶级的出现（“中产阶级革命”），它为民主革命或欧洲政府的民主改革埋下了伏笔，而改革的形式则是以英国为榜样。新兴中产阶级成为一股非贵族的经济力量，它的出现打破了君主的绝对权力。但是，中国的情况则大相径庭。

正如我们在第二章及本章的前半部分所分析的，用国家统一的考试制度代替财富作为社会升迁的标准，扼杀了中国中产阶级革命的萌芽。而中国却出现了由士大夫阶层所统治的官僚体系，他们（通过科举考试）被朝廷认可拥有知识和服务国家的能力（因此，这个体系也可被称为“知识管制”）。泛士大夫出身的那些官宦们不可能挑战皇权，因为他们的政治和社会地位都是经过科举而由皇帝赐予的。商人们也不例外，因为在这样一个讲究社会地位的时代，他们一没地位二没挑战现有制度的能力。因此，在国家大于社会的传统中，民主根本没有机会发展。

另外，在中国农村地区，传统的家族规章和制度保护也限制了个人接触以城市为基础的国家权威。因此，抵抗暴政的最佳途径是绕道而行而非正面对抗。当情况已经达到忍无可忍的地步时，最后的办法就是以“天命已尽”为名用武力推翻暴君。所以纵观中国的朝代历史，对于暴政的最终解决方案全是诉诸武力改朝换代，而不是将专制统治转化为民主体系。

托克维尔为民主发展理论提出一个重要的主张，他认为民主的出现源于人们要求解放的渴望，就像法国大革命时一样。但是，这一信条却没有在中国应验。中国人希望从秦朝及后面朝代的暴政中获得解放的愿望并没能转化为民主产生的动力，却助长了人们用武力改朝换代的决心，一次次证明了“天命”之转移而改朝换代。这一差异可能会使许多对民主理论有兴趣的人感到困惑。而其中的缘由也只能到中国自远古（商朝，前 1600 —前 1046）开始的根深蒂固的等级观念中去寻找答案。在等级观念的影响下，社会习惯性地被分为两个阶级，一种是统治者，另一种则是被统治者（孟子后来也支持这一“劳心、劳力”区分的观点，却被一些当代民主制度的拥护者所诟病）。根据这一观点，只要人们依然相信皇帝掌握了“天命”，他们就愿意接受天子的统治。正因为如此，受这样的传统熏陶的人们，不会将从暴政中解放的愿望诉诸托克维尔建议的民主形式，而是寄希望于有一位承受天命的新统治者。换句话说，人们（包括政治精英）将朝代更迭而非改变政府结构视为反抗暴政的有效途径（只是改变统治者，而非改变制度）。

继承了托克维尔的理论，日本学者有马哲夫发现不仅明治维新（1868—1912），就是其后的大正时代（1912—1926）都没有给日本发展民主体制的机会。在其名为《自由的失败》的著作中，有马哲夫探究了为什么日本的中产阶级革命未能走向民主革命。日本的中产阶级革命始于德川时代晚期大名领主走向衰败，而现代拥有土地的商人阶层在明治维新的影响下开始兴起的时候。[①]在翻阅了一些当时的重要论著后，有马哲夫发现日本的情况与西方有着很大的不同。在西方，人们对自由的渴望来源于针对曾经牢牢控制他们思想及良心的高高在上的教会和拥有绝对权力的国家的反弹，但是在日本却没有类似的目标。这里没有组织严密的教会，而且在 1868 年明治维新结束了幕府统治后，也没有暴政作为革命的号召力。正如有马哲夫所引用的一位知识分子的话说，

① 这一革命是由现代日本农业经济的本质与战前资本主义和民族主义的兴起共同作用产生。

“日本没有一位值得被处以极刑的上帝”。

就像有马哲夫所描述的日本一样，在中国也没有像西方那样有组织的教会。而且在中国的政治传统中，也没有如马基雅维利、博丹和霍布斯等人所拥护的绝对国家的理论。西方政治中“君权神授”观念认为，君权是不会被神权收回的，而中国帝王的“天命”与其表现是否良好休戚相关，表现不好是可以被撤销的，而天命是否被收回实则由臣民特别是士大夫阶层所决定。事实上，如侯服五指出，中国帝王的权力其实是受制约的，尽管这种制约并未制度化。这些约束来自：封疆大臣（的意见）；皇亲国戚以及太监们；官僚（主要是士大夫）；不成文的决策程序（例如，除了一些特殊情况，皇帝在没有下属官员上奏的情况下不会提议新的政策）；谏言（来自御史台）；祖训、惯例和其他先例；“舆论”（尽管是有限的表达）。[①]

简而言之，传统的中国人并没有像民主前的西方人那样受到中世纪教廷以及皇权的严格钳制。并且，皇权社会也随着1911年末代王朝（清朝）被推翻而终结。在1912年至1949年间的民国时期内，中国的任务是如何在欧洲列强和日本的侵略下存活，与日本公开的军事冲突始于1931年，并在1937年至1945年间爆发为全面战争。1949年中华人民共和国成立后，毛主席则将人民的愤怒直指向“国外敌对势力”（如“美帝国主义”），结果因中国的外交发展遭遇钳制而走向孤立，同时也造成了中国发展

① 这些制度为大多数朝代所沿用，直到蒙古人征服中原建立元朝后才停止。蒙古人将中国视为“驻防国家”来统治，之后的满洲人也是如此。满洲人是另一个征服并统治中国的少数民族，他们建立了清朝。明朝介于元朝和清朝之间，尽管是由汉人统治，却沿袭了蒙古人“驻防国家”的治理模式。

滞后。在传统中国，只要有科举制度存在，政治稳定性就会建立在一种三方联盟的关系上，其中包括统治阶层（朝廷）、教育精英以及地主阶层（农业经济中最富有的阶层）。在科举制度下，教育精英必须支持国家（政府），因为后者是我们所谓"单一职业社会"中决定社会升迁的权威机构。而且鉴于地主阶层拥有强大的经济实力，能够为子弟提供良好的教育，促使他们参加科举考试。精英大都从地主家庭而来，所以地主阶层自然也成了国家（统治阶级）的坚强后盾。可是，科举制度的废除，打破了挽救垂死挣扎的满清政府的最后一丝希望，更始料未及的是，它导致了无数为科举而"十年寒窗"的学子梦想破灭。他们毫不犹豫地加入革命的行列，最终推翻了清政府。这种教育精英反抗政府的新形式在五四运动（1919）和国民党与共产党的内战中（1945—1949）重复上演。然而，在中国实施改革开放取得了近 30 年突破性的经济发展后（苏联解体 14 年后），中国国务院终于在 2005 年发表了白皮书，郑重提出要在中国"建立政治民主"。

传统社会中缺少守法精神

对于为什么某些民族和社会比另一些更加守法的问题一直没有明确的解释。普遍的看法认为，一个民族的守法精神在于他们的社会是否有严格的法律和执行程序。这不但是鸡跟蛋何者为先的问题，而且是倒果为因。即便严格的法律体系能促成人们的守法精神这一说法在别处成立，在传统中国却不是那么一回事了。事实上，秦朝（前 221—前 206）是由一批法家的拥护者所统治，却因为法律太过严苛而仅仅持续了 15 年。他们一丝不苟地执行这些法律，换来的不是人们的守法精神，而是大范围的不满情绪，百姓揭竿而起最终推翻了秦王朝。自此之后，“法律”和“法治”就成了中国政治传统的忌讳。在儒家思想开始流行之后，大多数统治者都表示愿意追求“礼治”，而这就很容易演变为人治，与法治则渐行渐远（下文中会有更多分析）。

虽然中国人在历史上不以守法精神著称，但是不为人知的是，中国人在家族中的生活方式却又有很大不同。根据一些零星记载和相关经典小说的描述，我们发现大部分中国人都严格遵守宗法或祠堂法等家族规范。对于大多数人来说，宗法事实上比政府的法令更加与自己的日常生活息息相关，它规范了生活中的各种琐事，包括嫁娶、休妻、财产分割、财产继承，甚至还决定如何惩罚离经叛道的不孝子孙等。

从宗法和国家法令的区别以及中国人对待两者的不同态度来看，之前得出的中国人在以往传统时代缺少守法精神的结论只适用于政府法令，或者说是家族以外的法律。接下来需要研究的问题就是为什么会有这样的不同态度。如果我们做一些国别比较，那么答案就显而易见了。虽然不同国家之间守法精神的比较很难量化，但是如果仅凭印象来看，我们可以在中国和西方国家、日本间作出有意义的比较。在这三个样本之中，日本人的守法精神应该位列第一，接下来是西方人（欧洲人和美国人），而中国人则远远落后。如果能设计并采取量化的研究方式，其结果想必更能证明现在这个抽象排名的结论。

假设以上结论是正确的，那就让我们比较一下这些国家脱离其封建制度时期的先后顺序。我们知道，中国的封建时期（周朝）结束于公元前 3 世纪。欧洲各国结束封建统治的时间尽管不尽相同，但是大都集中在12至16世纪之间。在日本，这一由封建变到后封建时期在1868年突然发生。那一年，最后的德川幕府请辞，实际统治权力在要改革的武士首领的帮助下重新回到新继位的明治天皇手中，促使了日本封建时代的终结。

在幕府统治时期，在法律和行政之间没有明确的划分。政治上，平民被分为两部分：住在幕府的领地包括幕府首都江户（现东京）周围的大片土地上的人，以及住在265个大名（封建领主）的土地上的人，所有这些领主都臣属于幕府将军并接受他的敕令。所有这两部分平民都必须遵守由幕府将军和大名所颁布的、在赖世和看来"具体而残酷的刑罚条令"。明治维新时期，两院制的议会取代了幕府和大名成为了新的法律授予者，并试探性地颁布了新的法律，其中包括刑法（1882）、民法（1898）和商法（1899）。从幕府的封建统治到现代化的无缝对接使得日本的转型（相较于中国）异常平稳。在明治时期之前，幕府和大名（领主）是家族外法律的授予者。明治时期之后，议会成了新的家族外的法律制定者（是机构而非个人）并要求所有的人遵守。日本的转型是通过家族外法律的制定者的变换实现的，不同的是后者制定的法律不像封建统治者制定的那样"残酷"，因此，一种强烈的守法精神就此形成。

相比之下，中国在封建时期结束后到现代时期来临之间经历了20多个世纪。在这期间，中国人逐渐习惯了首先听从家族和长者的命令和意愿，其次才是远在天边的皇帝的法令以及由当地官员颁布的条例。现代由立法机关制定的法律则不同，它是由一个客观的家族外的机构制定，与从前父母以及家族长者的权威有很大的不同。对于中国人来说，要将他们对于传统宗法的忠诚转移到家族外立法机构制定的法律，这是很困难的，并非轻而易举就能实现。尽管不可否认的是，1949 年后，家庭的地位开始式微，但是如今许多的中国人依然对父母敬畏有加，一如从前。虽然要证明这点很难，可是一项涉及三个国家的民意测试的结果多少可以表明这种观念根深蒂固。当三个国家的年轻人被问及是否愿意为父母养老时，66% 的中国受访者回答愿意，相较于美国的 46% 和日本的 16%，明显高出许多。①

在之前提到的三个样本中，欧洲在封建和现代时期当中有一段间隙（长度从 100 年到 500 年不等），虽然不及中国的长却肯定比日本的长出许多。不管这是不是巧合，但事实上欧洲人的守法精神虽不及日本人却要比中国人强多了。

中国为什么倾向于“礼治”

在总结中国的政治传统中缺乏民主意识和法治精神的讨论前，我想回到之前提到过的一点，那就是“礼治”。传统中国的政治哲学并没有将法治和人治截然对立，而是在这两者之间，礼治被认为是更好的选择。精通儒学的思想家在秦朝酷刑暴政的先例下，辩称法律是由人来制定和实施的，而且经常用来制约反对他们的人。因此，礼治才是更好的选择。

尽管这一观念很难作更深入的解释，但是它可以追溯到古代中国的治国理念。从儒家思想中对“礼”（对惯例及规范的推崇）的阐释中可见，其倾向于“先王”之治或者一个现世的“圣

① 详见《日本的新姿态》，《亚洲周刊》（香港），2000 年 10 月 20 日，第 42 页。

君”的统治，即统治者能谨守分寸与原则（接近遵循西方的自然法则）。

一位像“先王”一样的“圣君”将充分体现他的领导才能，他会自上而下地颁布良策并通过树立道德榜样有序地治理国家。在这种情况下的善治表现为集中的、自上而下的领导，而不是像民主理论建议的那样源于自下而上的聚合力量。所以，只有明君的礼治才能超越个人追求个别特殊利益的利己主义，又能避免暴君专政的情况出现。在被如斯明君治理的土地上，民主的优势或是法治的精神依然存在。从这一点看，朝代更替（虽然通过暴力实现）尽管被普通百姓视为推翻暴政的最后方法，但是它却是寻找新的“圣君”来继承天命的正当手段。

许多西方研究中国的学者认为“天命”的说法是虚构的，或者仅仅只是一个口号并无实际意义。但事实却是，直到 1949 年后马克思主义的无神论取代了所有宗教及半宗教的概念时，中国人（社会精英在内）都一直直觉地相信“天”。“天道”既能赐予又能收回君王统治的权力，因此导致了朝代的兴亡交替。而不断寻求新的“圣君”也是天道的一部分，所以国家政治命运的起伏则取决于君王是否实施礼治，不然推翻其统治再立新君是完全合理的。

然而，问题在于先王或圣君似乎只存在于古时。[①] 历史上任何伪圣君的统治都最终堕落到为个人私欲服务，从无例外。这个问题在中国古代的政治传统中，比缺少民主意识和法治精神来得更为实际。

① 关于中国古代圣君的历史记录，详见《尚书》。

四、从传统中国吸收宝贵经验和教训

总的来说，从中国漫长的政治发展史上，包括前文提到的作为世界一流国家崛起的经历，我们可以整理出许多宝贵的经验和教训。它们对理解当代中国意义重大，值得我们关注和反复讨论。一方面，它们与之后的一些重大变化有着直接的因果关系；另一方面，它们也为其他的一些新发展提供了背景参考。我们可将这些视为历史上主要的发展趋势。

权力集中的传统是在几千年中逐渐形成的。虽然我们对中国历史上最初的两个朝代夏和商了解不多，但是我们能确定的是在那之后的周朝仍处于封建时期，即由周天子及其诸侯和册封的领主所构成的松散的实施分权的辖地管理制。尽管周朝的封建体系比欧洲的封建制度要集中许多，但是与其后的朝代比较，它还是属于分权体制。诸侯们的手中拥有实际的权力，能够（行政）自主地管理自己的领地。而从秦汉时期建立帝国一直到唐朝结束，权力则开始不断地向中央政府集中。在之后的宋、元、明、清中，这种现象愈演愈烈，一位西方历史学家艾伯华则将这四个朝代统一称为“专制时期”。与这种情况相伴而生的则是另一种相反的趋势，那就是中央政府对于地方（尤其是农村地区）的管理疏忽。这些地方居住了中国的大部分人口，以农耕为生。这种不稳定的中心与边缘关系常常蕴藏着地区反抗甚至导致地方武装暴乱的发生。就算是今天，这种影响在偶尔发生于偏远地方的抗议中仍依稀可见，尤其是在城市与农村（拥有51%的人口）贫富差距日益明显的情况下，矛盾则更加突出。

另一个趋势则是中国历史上国家一统观念的影响。国家一统是指所有中国人居住的地方都应该整合为同一个政治实体，由统一的中央政府管理。

尽管历史文献经常将秦汉时期（公元前3世纪）作为中国历史上第一个统一国家的开始，但是这一理念早在先前的周朝便可见一斑。虽然周朝实行的是分封制度，但它同样也是一种垂直的政治管理模式，周天子居于中央政府的位置，由其管理各个诸侯的事务。其实，周朝的封建时期与秦汉的帝国时期采用的都是垂直的管理模式，所不同的是前者是封地制而后者是郡县制。自秦汉以来，国家虽有暂时的分裂，尤其在南北朝时期，但是实现“大一统”的强烈意愿又会使中国重新统一进入下一个王朝循环。我的助手解天乐曾经帮助我作过中国历史上统一时间与分裂时间的年数对比。统计范围从第一个朝代夏开始计算，直到国民政府时期为止。不考虑他提供的报告中的具体细节，仅从结论上看，在中华人民共和国前的4045年的有记录的历史中，有2785年是统一的而仅有1260年处于分裂状态。统计还表明，中国一共经历了6次“分久必合”的历史循环。而如今台湾与大陆的分离状态似可在统计上理解为中国历史上的第七次分裂。由于这潜在与强烈的统一意愿，尤其是在香港和澳门分别在1997年和1999年回归的背景下，现今北京对台政策的深层涵义不言而喻。同样，这也能帮助我们理解为什么中央政府对于在西藏、新疆、青海等地发生的一些分裂分子的暴乱事件会如此严阵以待。

还有一个影响深远的趋势则是中国对于国家防御的态度，或者说是处理与外族的安全关系时的态度。事实上，我们先前提到过，中国即使在其第一次崛起的1000多年中都不曾有领土殖民的野心。例如，郑和在七次下西洋中没有对任何他发现的土地主张领土归属（包括美洲大陆），这与71年后哥伦布发现新大陆时的做法形成鲜明对比。另外一例就是绵延5500英里的长城，始建于秦朝，后来又经历朝历代的不断修补和延伸。它形象地表明了中国人防守而不进攻的思维模式。如果说历史上发生过任何的变化，也只是防御对象在地理上的改变。鉴于中国自秦朝开始就将主要的防御力量对付来自西北方游牧部落的入侵，如匈奴、突厥、鲜卑、氐、羯和羌，所以直到19世纪，西方人大量从海上侵入时，朝廷才意识到疏于对东南面海岸线的防范。当今的中国开始重视加强对8700英里海岸线以及附近航线的安全防御。

《三国演义》是一部备受中国人推崇的历史小说，其作者罗贯中在序言中写道："话说天下大势，分久必合，合久必分……"文中所提到的"天下大势"以中国的政治发展为参考，反映了作者从14世纪（罗贯中生活于约1330—约1400）的角度反观魏、蜀、吴三国鼎立时期的历史，这一分裂时期在晋朝再次统一国家后结束。一位对西方崇拜有加的中国学者曾提到，与西方比较而言，中国分分合合的循环过程是不可理解的。他表示，在西方历史中，一个国家，如法国和英国，一旦统一，他们将保持统一的状态而不会分崩离析。但是根据历史学家钱穆的看法，这种评价（二战结束前提出的）实际上反映了西方普遍认同的对历史直线展望的分析方法，只是被逆向应用而已。在这样的背景下，逆向的直线展望观念认为，像中国这样的国家一旦衰落就是永久性的，不可能有再次崛起的机会。我们在本章中也注意到，中国在 1820 年前的 1000 多年中一直保持着世界最强国家的地位。如果我们就此打住，那么人们很可能会有同样的看法，即认为中国自 19 世纪走向衰败开始，就永远不可能翻身。但是，此后的历史有力地驳斥了这种观点。接下来，本书将着墨于在经历了一个半世纪的低迷之后，我们应该如何看待和解读中国在 21 世纪的复兴过程。中国的衰落始于外国列强的入侵（这是比国内动乱更关键的因素），它加速了 2000 多年来的王朝体制的灭亡（1911 年），而这一事件直接造成了无止境的内乱、革命、军阀混战和内战的爆发。所有这些矛盾由于外国势力的全面入侵（如，抗日战争，1931—1937；1937—1945）而升级，也为中国共产党在 1949 年取得划时代的胜利埋下了伏笔。

我必须预先声明的是，为了全面分析中国的复兴，我们将选用一种非常不同的角度来观察问题。这种角度极具中国特色，与罗贯中在《三国演义》序言中提到的“分久必合，合久必分”的历史循环论有异曲同工之妙。依葫芦画瓢，我们也可以将中国在经历了长时间屈辱后的发展称为“中国复兴演义”。在这一百多年的激荡中，唯一崛起的就是中国人的民族主义，这股力量为中国共产党所熟练运用，不仅促进其自身的蓬勃发展，更被转化为后毛泽东时期强大的发展动力。

第四章

王朝的衰落
与共产主义的崛起

德国著名历史学家斯宾格勒曾总结出一套文明兴衰循环的理论，与植物的生长周期极为相似。支持斯宾格勒的历史学家可能会预计到中国的衰败，甚至是灭亡，就像发生在古埃及、印度和希腊一罗马文明的情况一样，但是中国没有灭亡。即便是在日本用它的先进许多的武器装备侵略中国的 14 年间，中国依然没有从地球上消失，并最终在日本投降后，取得了抗日战争的完全胜利，如果回顾中国百年的屈辱史，人们不可能料想到 20 世纪中叶中国的崛起，也不可能想到中国会在 21 世纪发展到了一个新的历史高度，并最有希望实现中华民族的伟大复兴。

德国著名历史学家斯宾格勒曾总结出一套文明兴衰循环的理论，与植物的生长周期极为相似。通过中国曾在1000多年中（713—1820）站在世界之巅的事实，一般支持斯宾格勒的历史学家可能会预计到中国的衰败，甚至是灭亡，就像发生在古埃及、印度和希腊—罗马文明的情况一样。但是从两个方面看，他们只对了一半。第一，如果像斯宾格勒学派的学者那样注重文明衰落的内生性原因，他们必然认为清政府于19世纪的衰败主要由于内部腐败造成的。事实上导致其衰亡的更重要的原因是外部因素，如中国在毫无准备的情况下应对西方的挑战及其贪婪的入侵。第二，虽然国家的衰败终结了朝代循环，继而又导致了一连串内部动荡，但是中国没有灭亡。即便是在日本用它的先进许多的武器装备侵略中国的14年（1931—1937和1937—1945）间，中国依然没有从地球上消失，并最终在日本投降后，取得了抗日战争的完全胜利，最终从列强的侵略中获得了解放。更令人惊奇的是，如果回顾中国百年的屈辱史，人们不可能料想到20世纪中叶中国的崛起，也不可能想到中国会在21世纪发展到了一个新的历史高度，并最有希望实现中华民族的伟大复兴。

如果将中国的衰落和当下的奔向复兴连贯起来看，其中存在着一个悖论。西方既是中国于 19 世纪后走向衰败的诱因，又是中国复兴的催化剂。为了真正理解这一悖论的内涵，我们需要先解决两个困惑。第一个问题便是现代的开端对于中国有何意义。第二，如果我们还对前文中提到的中国辉煌的第一次崛起记忆犹新，那么问题就在于既然中国曾经拥有如此强大的实力和灿烂的历史，为什么在面对西方的挑战和侵略时竟会那么不堪一击?!

一、中国“现代化”的开端

“现代化”一词在不同文化、不同社会和不同背景下有着不同的含义。对于欧洲来说，它是指“后中世纪”的历史时期，在此期间，人们目睹了农业社会向工业社会的发展、不受约束的资本主义的兴起以及世俗化的过程。政治上，现代化意味着自由之风渐起，曾经被剥夺公民权的平民阶层站起来了，而世袭的皇权被取代了。“现代”就意味着所有这些变化的发生。在欧洲，启蒙时代提倡以“理性”作为权威合法性的基础和主要来源，昭示着“现代”的来临。

而对于中国来说，第一个不同就是中国没有“后中世纪”一说，因为中国从未经历过被教廷统治的中世纪时期。而现代性，或者现代化就意味着重新武装来反抗残酷的西方帝国主义的侵略。传统观点认为，中国的现代化虽然是在西方的逼迫下开始的，却也使中国接触到了现代世界的工业发展、现代科技甚至是自由与民主的观念。尽管这种说法并没有错，但是倾向性太明显，它就好像说西方将自己的意愿强加于中国是完全合理的，只是因为中国在当时先进的现代（西方）外交中显得太过脱节。[①] 对这种说法，我愿意提出一个修正的观点。我认为19世纪末东西方的接触如果理解为两种文明体系的碰撞可能更恰当，它们各自有完整的文化、制度、价值和习俗体系。在威斯特伐利亚体系的国际关系中，主权国家拥有名义上的平等，它们通过武力达到权力制衡。但是中国的朝贡体系刚好相反。在实际操作的层面上，朝贡体系分为两层，在上一层的是中国，一个位于核心位置的强大帝国；另一层则是其他实力较弱的国家，包括外部的“蛮貊之邦”（他们大部分都是曾侵略过中国的游牧民族）。中国从来没有接触过像西方国家这样的外国，这些国家的不同在于它们有先进的文明和工业技术，而且它们每个国家都有各自独特的文化。

正如康灿雄提到的，这两个文明体系之间存在很大差异：西方体系是名义上的平等但是事实上各国是不平等的，而在中国体系中却恰恰相反；欧洲体系中的战争数量远远超过中国体系。康灿雄是通过比较从14世纪到19世纪的中国体系和威斯特伐利亚体系，运用计量统计的方法得出以上结论的。在此我要补充的是，欧洲体系中之所以存在大量的战争是由于其允许用武力解决国家间争端甚至获取欧洲大陆外的领土和殖民地，但是要在国际法适当原则的范围内，即诉诸战争权和战时法。与之相反，在中国体系中，使用武力不被认可，因此也不可能成为指导中国与藩属国关系的手段，除非是中国遭遇外族入侵或是当藩属国要求中国政

① 中国初始抵触西方的现代外交，最终也加入了这个“国际大家庭”。

府出兵帮助平息它们的内乱和外来势力的侵略。[①] 而中国即使在权力巅峰时期也未建立海外殖民地是不争的事实，这也表明其一贯奉行和平相处的原则。

所以，当西方势力来到中国并提出无理的要求时，中国人无论如何也无法明白为什么这些外国人那么颐指气使，何况中国从未侵略过其他民族的国土并觊觎他们的财富。这一略显夸张的反问说明了当两个体系在现代碰撞时中国人对西方“掠夺者”的印象与态度。在此，我还想说明一点，就是东西方碰撞和武装冲突发生的时间，它们大都发生在 19 世纪。其中最受瞩目的两次冲突分别是 1840 年与英国的鸦片战争以及 1883—1885 年的中法战争，在这两次战争中，中国遭受了失败的耻辱，并被迫将香港岛割让给英国，也失去了对安南（今越南）的影响力。到 19 世纪后半叶，9 个国家（包括日本）要不就是得到了割让的领土，要不就是获得了在中国不同地方（主要是沿海城市）的租借地或势力范围。当时中国割让给列强的领土面积总计 250 万平方英里，我计算了一下，是整个纽约州的 50 倍。以俄国为例，它不仅吞并了中国西北部边界的伊犁地区（之后以条约的形式合法化），还获得了乌苏里江以东的大片土地，占地面积约是纽约州的 11 倍。这些割让的土地都归因于中国在胁迫下签订的不平等条约。这和中国与早期来华的西方人接触的经验大相径庭。

以 16 世纪为例，当时葡萄牙刚刚崛起，其传教士们由海路来到中国，他们表现得很友善，与后来的列强完全不同，因此中

① 没有发生的战争不可能有历史记录。评论家们可以通过查阅中国周边国家的历史来证实中国是否曾侵略过邻国或对其使用过武力。

国朝廷也以礼相待。这批早期的来访者将西方的知识传入中国，其中包括数学、天文学、地理、公历（阳历）和大炮的制造工艺。同样，他们也将中国文化（尤其是儒家思想）引进欧洲。更重要的是，他们努力调整天主教教义以适合中国人的思维习惯。例如，意大利传教士利玛窦（1552—1610）吸纳了古时的儒家思想，但他拒绝接受汉朝以后儒学的变化，尤其是宋朝的理学（这很可能是因为其中包含了佛教影响）。至于他们所收到的回报，是中国朝廷的极高礼遇。原因有二：其一，这些传教士们本身受过良好的教育又遵守本分，从未心怀不轨，而且他们十分尊重中国的儒家文化并努力融入其中。其二，他们在明朝时来到中国，当时的朝廷是由汉人统治，而且因国家富强而有自信心。

但是，当后一批的西方人于 19 世纪来到中国时，情况已经发生了翻天覆地的变化。这批西方人中大部分是激进而贪婪的商人，他们以国家强大的外交和军事力量为后盾。以英国的东印度公司为例，它在 1773 年从葡萄牙手中夺取了鸦片出口中国的领导权，并在中国建立了鸦片贸易的垄断，将其在印度殖民地所种植的鸦片源源不断地倾销到中国。当其在广东口岸遭遇了爱国的钦差大臣林则徐的坚决抵制时，英国政府便派出了远征舰队。据记载，这次远征军由海军少将乔治·义律率领，总共由运载着 540 门舰炮的 16 艘战舰、4 台军用汽船、27 艘运输船、1 艘运兵船和 4000 名士兵所组成。对于中国来说，这场战争不仅仅是为了抵制和销毁鸦片，更是中国对贪得无厌的西方侵略者的反抗。正因为如此，中国的战败才成为了一次永久的污点，它是国家的耻辱，却也成为了发展现代中国民族主义的起点。自此之后，民族（国家）主义取代了中国特有的自汉代以后引领中国发展的文化主义。[①]

这次的失败还加快了中国的改革步伐，然而，当改革失利后，曾经痛苦的回忆便将中国人推向了革命救国的道路，最终推翻了清政府的统治。从此，“师夷长技以制夷”（如由工业化和精密技术支持的现代火器和军事力量）的决心使中国逐步走向现代化的道路。而且自那以后，中国人对西方有了深切的了解，一方面对于列强的侵略记忆犹新，另一方面中国的确有许多地方要向西方学习，而这两种情感互相交错，决定了中国在不同时期与西方关系的浮沉。

① 文化主义是指接受了中华文化的民族（如蒙古人和满族人）也被中国（汉）人所包容，就像元朝和清朝时那样。

二、为何早先强大的中国面对西方列强不堪一击

中国曾经拥有5000多年的辉煌历史，若是以GDP及其在欧亚—非洲市场出现前的地位来衡量，中国曾是世界上最强大的国家，那么为什么在面对西方大规模入侵时却如此不堪一击？问题的答案不仅只是回答历史的疑惑，更是理解中国的过去和现今复兴的关键，它指出了中国在第一次崛起时存在的隐性“弱点”，同时也提到了导致清朝走向衰败的综合因素。

对于清朝衰败的事实，就像墨菲定律所说的那样：所有可能恶化的事情全在同一时间发生了。1644年，当时外部的满人入主中原，征服了明朝的土地并统治其百姓。但在经历了几位积极进取的满族皇帝（他们在治理国家的同时已经被完全汉化）200年的励精图治后，中国开始遭遇经济下滑和“人口爆炸”的问题。根据统计数据，1651年中国的人口不超过6000万，但到了1849年，总人数增长了差不多七倍，达到了4.13亿。正如李剑农所解释，中国农业经济受到土地规模的限制，当土地扩张赶不上人口增长的速度时，经济困难便随之而生。

另外一个像墨菲定律中可能恶化的事情是，西方在19世纪入侵时，中国正处于满人统治之下。我们承认，满族的统治者在当时已经完全被汉文化所同化，而且许多大清皇帝都是优秀的儒家学者。大清的部分习俗和惯例其实都是从汉人的政治传统中沿袭而来，只不过在实际操作上更加严格和专制。例如，官员们如何称呼朝廷和自己的官场礼仪就很具有代表性。朝廷自称为“天朝”，所有官员不论在朝堂上还是给皇帝上奏折时都自称“奴才”。如果来到中国的外国使节遭遇无理对待或是被要求对大清皇帝行叩头礼（三跪九叩），那只是因为这是所有朝廷官员或奴才必须做到的礼仪规范。[①]

另一处与墨菲定律相符的事实是，恰在西方势力入侵中国之时，各地蜂拥而起的暴动事件是异乎寻常地多。19世纪中叶，中国各地爆发了一系列的起义运动，其中包括捻军起义（1852—1864）、苗族起义（1855—1872）、首先发生在中国云南地区的动乱（1857—1873）进而蔓延到中国的西北（1861—1878）以及太平天国运动（1851—1864）。在这些起义中，太平天国运动对清政府的威胁最大。这个半宗教运动假借基督教的名义，其领导者自称是耶稣的兄弟，接到上帝的旨意前来救民于水火之中。他们抗议清政府的腐败无能、民族歧视以及国家驻防的偏执政策。这一政策体现在满族“八旗军”在全国各地驻扎，同时，只有满族人才有资格担任总督及以上的职位，[②]这

① 一位评论家的评论引起了我的注意，他说，“奴才”一词只被满族而非汉族官员使用。我想指出的是，即便这是事实，满族皇帝也期待受到所有官员的顶礼膜拜。

② 汉人所能达到的最高官位是省长一职，受一位满族总督的直接管辖（总督一人管理两个省）。

对汉人来说是极不公平的。太平军成功占领了中国长江以南的大部分地区，而且在击溃所有“八旗军”后士气大振，准备直捣黄龙（首都北京）。最终，他们被一些忠心的（在统治阶层的）汉人官员所指挥的部队打败，而那些士兵大都是在各自家乡选拔和训练出来的。据说，太平天国运动中的伤亡人数超过2000万。[①]

从长远影响看，太平天国运动使得本就摇摇欲坠的清政府更加雪上加霜。那些汉人官员之所以集结起来支持清政府，抵抗同为汉人的太平军（主要是客家人），是由于一个重要原因。当太平军吸收外国思想反对儒学的时候，清政府却扮演了守卫儒家思想的坚定堡垒。这也使清政府意识到他们必须对儒家思想忠诚不二，即使在遭遇西方列强侵略的情况下也不能有丝毫的改变。朝廷的固步自封使中国错失了现代化改革的大好时机，而在同时期的日本，明治天皇却能积极应对西方的挑战，推动日本的快速改革。在此我要说明的是，阻碍中国做出改变的不是儒家思想本身，而是清政府在“太平之乱”后错误地认为不图改变就是尊儒，就能保证汉人官员对自己的忠诚。

如果中国的“脆弱”部分是由于缺少能与西方媲美的坚船利炮，那么另一部分原因则是内生性的。这个原因是半文化性半制度性的，是科举制度盛行的副作用。

说这个因素是半文化性，是因为中国文化中有和平主义的内在张力。正如我们在第二章讨论过的，儒家思想是集六家主要学派之所长，而其中之一就是墨家。墨家思想以其创始人墨翟命名，

① 作为对比，美国南北战争只有60万人死亡。

而他本身就是以“兼爱非攻”著称。用现代的话来说，他就是一位和平主义者。据说，墨翟曾发明了飞行器的雏形却把它销毁了，原因是担心它落入坏人手中成为战争的工具。[①]

科举制度盛行的副作用在于，科举制度的充分实行将中国知识分子的时间和精力都转移到了书本知识上，因为这才是科举创造的单一职业社会所推崇的，可是却忽略了财富积累和科技创新。即使在通过科举考试之后，这些文人也将大量的闲暇时间花在了琴、棋、书、画上。

以上两个因素，导致了中国人对于制造大规模杀伤性武器的自我节制。不管如何具有讽刺性，这也是为什么一个世界上最早发明火药的国家，却在应对西方国家利用中国祖先发明的火药制造出的坚船利炮时竟然无能为力。正是这种耻辱，才使得当时最出名的改革评论家梁启超（1873—1929）提出口号，教导中国人如要想与西方人竞争，就必须“再度野蛮化”自己。

① 在关于墨翟的研究中，最杰出的莫过于梁启超的《墨子学案》。

三、在应对西方侵略中被迫开始现代化

列强在“夺取”中国什么

除了前文中提到的与英国和法国在鸦片战争（1840）和中法战争（1883—1885）后签订的不平等条约外，中国还与其他外国列强签署了许多不平等条约。侯服五列出了一份列强们利用条约从中国“夺取”领土和特权清单：

（1）开放超过 60 个口岸供外国人的贸易往来。

（2）在中国的一些大城市如上海、汉口和天津建立“租界”。这些租界好似外国势力的领土，中国政府和法律无权管理。

（3）在汉口、青岛和广州，指定城市中心为“租借地”，其地位高于中国政府。

（4）对外国实行“片面最惠国待遇”，即无论与中国订立条约的列强集团中的哪一个国家获得了一项新的特权，那么集团中的其他所有国家都必须享受同样的权利（也叫“利益均沾”）。

（5）剥夺了中国政府的许多权力，如调节关税、管理海关以及享受海关税收的权力。

（6）享有海岸贸易以及内陆航行的权力。

（7）享有将传教士派往中国任何地方的权力。

（8）享有在中国首都的公使馆区（外交区等）、北京途经天津前往山海关的铁路沿线以及其他许多地方驻军的权力。

（9）享有雇佣外国邮政人员以及（在中国）建立邮政业务的权力。

（10）享有在条约口岸建立外国工厂及其产品减免交税的特权。

（11）享有清理内陆航道，雇佣外国导航员，搭建浮标、导航标志、灯塔和瞭望塔的特权。

（12）享有建造铁路并开采矿产以及发行外国货币的权力。

（13）拒绝中国人在战略港口设防的权力。

（14）获得大量赔款（例如，为了赔偿八国联军在 1900 年义和团运动中的损失，清政府一共赔付了 4.5 亿两白银）。

（15）建立外国领事裁判权（治外法权），无视中国司法机构的存在。

以上提到的条款都是附加在赔偿与割地条约（前文已提及）中一起出现。大部分条款所造成的“伤害”是显而易见的，还有一些则严重侵犯了中国主权。上述第 5 项，中国丧失了关税自主的权力，甚至无法管理海关的日常事务。在这些条款的约束下，中国海关实际是由担任海关总税务司的英国人赫德领导，他有权调整关税。这些条约的约束造成了非常严重的后果：第一，中国被剥夺了享受实际海关税收的权力，而且英国人担任的海关总税务司对于所有外国进口的商品只附加了统一的低税率。此外，对所有商品实行统一税率使得中国政府不可能通过调整税率的手段来实现鼓励或抑制不同商品的进口。第二，外国列强通过控制关税抑制了中国的工业发展。第三，这些关税条例都是单方面的，中国人在与这些外国势力交易中不享受同等待遇。第四，关税被用来抵偿对外国的欠款，所以在这些外国势力没得到满足之前，中国政府根本不可能拿到任何收入。

列表中的第 8 和 13 项说的是外国列强有权在中国首都北京及其他地方驻军，而中国政府却被禁止在自己的领土上维持一些战略区域的设防。这就使得整装待发的外国军队随时可以进攻毫无防御的中国。尽管这些在今天听起来难以置信甚至是天方夜谭，但是既然这些割地和特权都能从中国政府那里强取而来，就可见当时西方“帝国主义”的侵略有多么嚣张，而衰败的中国所要面对的又是何等严峻的考验。清单中第 15 项是关于治外法权，或者说是在涉及外国公民作为被告的诉讼中，列强拥有领事裁判权。在这种情况下，外国领馆的官员们在裁定纠纷时将运用他们本国的而非中国的法律。许多国家享受这个特权，其中包括奥匈帝国、比利时、巴西、丹麦、德国、意大利、墨西哥、荷兰、秘鲁、葡萄牙、俄国、西班牙和瑞士。另外，英国和美国还享有其他权力。他们在中国境内建造自己的法院，分别称为英国驻中国高等法院以及美国驻中国法院。只有在被告的原属国不享受治外法权的情况下，案件才会移交给中国法庭审理。

治外法权其实只是建立在单方面享受的基础上，严重损害了中国的主权和司法权的完整。正如一位资深法学家董霖指出，这一体制的滥用最终都是损害中国的权益。例如，居住在中国的外国人常常以治外法权将免除其对中国税法的责任为由逃避向中国政府纳税。同样，在华经商的外国公司则以他们公司注册的国家享有治外法权为借口达到免税的目的。这些对于治外法权的滥用使得外国势力更加无视中国法律，严重损害了中国的司法完整。

哪里有压迫，哪里就有反抗

广义上说，如果没有事先经历西方以及日本的残暴入侵和中国为了作出回应而付出的惨痛代价，那么我们很难充分理解中国的现代化进程（19世纪中后期）。接下来，我们将简要说明中国另外几次不同的反应，在遭遇了一系列挫折，如1840年鸦片战争失败、以太平天国运动（1851—1864）为首的国内动乱以及英法联军于1860年占领北京等事件后，这些反应才开始慢慢形成。我们可以明确查证的有四次，前赴后继，而且一次比一次更为激进，它们是：洋务运动、戊戌变法、清末“新政”、辛亥革命。

洋务运动。这是清政府在闭关锁国的情况下最早作出的向西方学习的一种尝试。当初提出的“师夷长技以制夷”的口号则是从著名学者魏源的《海国图志》中截取而来。政府开始设立翻译局，并依据西方的模式以军工作后盾建造兵工厂和造船厂。然而，这些有限的改革措施大都只是在省级层面由汉人官员实施，例如1865年在上海建造的江南造船厂。[①] 而清廷却在“太平之乱”后

① 事实上，这些充满改革精神的省级汉族官员都是儒生，而这一点恰恰证明了儒家思想本身并不反对变革。

更加固步自封，他们拒绝改革，错误地认为那样会失去士大夫（儒学精英们）的支持，正如前文中解释的那样。即便如此，在国家层面还是发生了一些变化。这些变化由恭亲王提议，他是咸丰皇帝的兄弟。1861 年，总理各国事务衙门成立。同时，朝廷还设立了同文馆，用来教授外语，如英语、法语和德语。1869 年后，洋务运动主要由李鸿章这位汉人官员领导。在他的领导和一些汉人官员的支持下，大批创新技术和改革方案被采用。1880 年一座海军军事学院落成，继而在 1885 年创办了另一个军事学院，同时北洋舰队的组建也在李鸿章的主持下紧锣密鼓地进行。一大批非军事机构也相继成立，如电报局、轮船招商局（官督商办企业）[①] 以及在旅顺建设的码头和造船厂。更多的中国学生，包括有军队背景的，都被派遣留洋学习。35 年之后（起于 1861 年），中国的洋务运动以 1895 年中国在中日海战中的失败而告终。

戊戌变法。洋务运动的失败使得中国政府和学者们认为，他们需要扩展现代化的范围，将政治改革也包括在内。一位无畏的思想家康有为以及他著名的学生梁启超就上书劝谏年轻的光绪皇帝效法俄国彼得大帝和日本明治天皇开展制度改革。尽管光绪皇帝素来缺乏主见，但是他也一心谋求国家发展。光绪将康有为视为自己的知己和顾问，并在 1898 年的夏天颁布了多道改革的圣旨，史上称为“百日维新”。但是，改革在慈禧皇太后的介入后戛然而止，这位皇太后冷酷且老谋深算，她在 1861 年咸丰皇帝去世后便独揽大权，垂帘听政。

清末“新政”。这一阶段开始于 1898 年的保守改革，结果

① 这与中国在 1978 年后建立的“国有企业”（“public” enterprises）有异曲同工之妙。

却迅速演变成反对外国势力（拥护清政府）的义和团运动，造成了针对外国公民尤其是传教士的大屠杀，因这些传教士大都在条约口岸以外的地方出入，因此没有受到外国政府的保护。在对北京公使馆区的围攻中，外国的死伤人士中还包括一位德国公使。这次的暴乱最终导致了八国联军（包括英、法、德、日、俄、美）入侵中国。转折点发生在1900年，当时八国联军占领了北京，慈禧为避难而逃亡西安。到达西安后，慈禧太后颁布了一道罪己诏，承担对中国不幸命运的责任。这一切都发生在八国联军趁义和团之乱实际控制北京，准备要“瓜分中国”的时候。当朝廷在西安重新建都之后，慈禧宣布她提议改革，继而，三份关于政府重组的大致方案出台。其中对我们来说最重要的举措就是废除了历史悠久的科举制度，结果却是匪夷所思。另一个改革的动力（固然有关立宪），则是来自1905年日本战胜俄国的影响。对于许多中国人来说，一个小小的东方君主立宪国家（近代明治维新后的转变）竟然打败了一个幅员辽阔的西方专制国家，这足以说明宪政制度的有效性。

在百日维新失败以后，梁启超流亡日本，但是他依然在《清议报》（1898—1902）和《新民丛报》（1902—1907）上发表文章，表明自己拥护君主立宪制以及“平等、自由”的思想。他认为，中国的弱点在于中国人的忠诚仅是对统治者，而不是对于民族国家（孙中山领导的激进派立即撰文反对梁启超的君主立宪制。他们主张，为了救国，中国人需要通过革命推翻清王朝，建立共和制）。[①]

① 由于梁启超试图通过君主立宪制挽救满清政府，他作为一流学者的地位常受到国民党人的诋毁。

由于慈禧太后对革命的厌恶多过君主立宪制，所以她决定两害相权取其轻。为了拖延时间，她于1905年派出了外交使团出访欧洲和美国学习宪政制度。当这些使团带回了令人欣喜的调查报告后，慈禧太后便在1906年下令将六部扩展为冠以现代名称的十一个部门。正如学者徐中约所观察的，这次的政府重组只是在表面上实行了宪政制度，却依然保持了原来的政府运作机制。暗地里，朝廷甚至以牺牲汉人利益为代价悄悄增强满人的势力，打破了原来两个民族间的平衡。在各方压力下，朝廷在1908年8月27日颁布了《宪法大纲》。到这个时候，73岁的慈禧太后仍试图在她的有生之年延迟宪政制度在中国的推行，她下令效法日本模式，提出实行宪政需要9年的预备期。然而，慈禧于当年11月15日去世，而在此之前不久，37岁踌躇满志的光绪皇帝又神秘驾崩，这给宪政改革的计划蒙上了厚厚的一层阴影。

辛亥革命。随之而来的幻灭和失望使得人们对清政府的不满情绪高涨。推行宪政（渐进民族主义的目标）作为解救中国摆脱被外国势力“瓜分”命运的途径曾经被寄予厚望，但是它的失败更进一步地使群众倒向孙中山的革命救国之路。与清政府一样，孙中山的革命理念中也包含了反对帝国主义的民族情绪，但所不同的是革命派坚定地认为王朝体系的存在才是中国面临存亡危机的根源。在1885年经历了几次失败的尝试后，孙中山将他的大本营移到了日本。在那里，他像梁启超一样，联合了许多不同派别的中国革命人士以及日本民族主义者。自1900年始，孙中山的政治目标就是建立在共和制和民族主义的基础上，而他采取的手段就是发动暴力革命。

除了人们对于宪政制度的破产感到失望，上文提到的清政府取消科举制度的举措，也在冥冥之中助了孙中山一臂之力。对于一代代中国人来说，科举制度是多少青年才俊的梦想，这是在这个单一职业的社会中可以使他们扬眉吐气、晋升上层社会的唯一机会。1905 年，作为现代化项目之一，朝廷取消了科举制度，这使得所有十年寒窗苦读、期待出人头地的年轻人瞬间梦想破灭。在失望甚至绝望的驱动下，他们选择了投奔革命。自此短短 6 年之内，孙中山的追随者们成功地推翻了清政府，在中国悠久的历史上第一次宣告了共和制的诞生和一个崭新时代的到来。[①]

① 尽管我没有关于孙中山革命队伍组成人员的数据研究，但是参与起义的许多殉道者们都是来自于这一年轻的知识分子群体。

四、王朝时代的终结

目前为止，已经有许多关于清政府消亡及其后北洋政府诞生的论著。然而据我观察，没有人恰当地分析中国政体在转型后所发生的变化。我认为对这次巨大的历史转变，我们应作的盖棺论定应该从王朝体制结束前后的中国的政体变化说起。在中国王朝历史的早期，尤其是科举制度确立之后，三个重要阶层——统治阶层、士大夫阶层和地主阶层，就形成了一个坚固的联盟，最终使王朝体制绵延两千年而不衰。

一方面，统治阶层需要士大夫帮助他们治理国家，另一方面，士大夫阶层也依附于统治者以期加官晋爵。这一点在科举制度确立后就更加显而易见，因为政府成为了决定社会及政治升迁的权威机构（在第二章中我们分析了科举制度是如何将文人转变为拥护儒学的士大夫）。同时，由于在农业经济时代，地主阶层是唯一在经济上有能力供子弟读书并参加科举考试的，所以大部分的（儒学）精英都是从地主家庭中孕育而来，这也是为什么地主阶层能与政府（统治阶层）结盟的原因。

即使王朝更迭，同样的制度却永无止境地重复，新的统治阶层同样需要精通儒学的士大夫阶层（尽管不一定是一样的人员）来帮助他们管理国家。自汉代（前206—公元220）成立之后的23个世纪中，这种模式周而复始，虽然统治者不断更替，但是由儒学士大夫组成的中间群体却一直延续着，这个群体同时还扮演着联结上层社会（统治阶层和政府）及由不同阶层（如农民、商人、工匠甚至“秘密社团”）所组成的下层社会的作用。将整个社会凝聚在一起的是兼容并蓄的儒家思想。

但是，随着1912年王朝体系的消亡，这一制度开始失灵。第一，在最后一位皇帝退位之后，一个世袭的统治阶层便不复存在。1905年科举制度的取消又将知识分子从与政府传统的捆绑关系中解放出来。同样地，地主阶级也从传统政府的附庸转变成较自由的团体。最重要的是，儒家思想不再是检验治国才能的标准甚至社会的凝合力量，至少不像从前。因此，军阀混战在影子共和国早期便已出现。

在维持王朝稳定的传统三角联盟被摧毁后，年轻的共和国正如其带有贬义的英文译名（影子共和国）一样，见证了一段长时间的动乱、地区分裂和军阀混战。1925年孙中山去世后，国民革命军（最先由孙中山在中国南部的广东省集结建立）发动了北伐战争，清除了盘踞各地的军阀势力和驻扎北京的军阀政府，社会秩序才最终得以恢复。1928年，在北伐战争的总结会议上，北伐的总指挥蒋介石及其党内的同事决定在南京建立一个新的中央政府。这就是在1949年内战失利逃往台湾前被大多数国家承认的南京国民政府。

也许清政府的不完全改革所产生的最深远的影响就是去除儒学教育而改用西化教学。儒家思想式微后，不同群体都在努力寻找一种新的思想来填补这一空白。在自然淘汰的过程中，革命派最终选择了共产主义。在毛泽东的领导下，共产党员们积极发动知识分子反对蒋介石领导的国民政府，动员劳苦大众反抗地主阶级，最终扫除了夺取政权的障碍。

五、中国革命者为什么选择马克思主义

虽然1905年官方宣布淘汰儒家思想、1911年王朝统治时代结束，但是爱国人士为中国寻找新的普世价值的脚步却从未停歇。在1912年共和制成立后的乱世中，对于确立新的普世价值的需求更显紧迫，尤其在胡适提出“打倒孔家店”运动之后更是如此。而他也是约翰·杜威的实证主义思想在中国的积极宣传者。在最终发现和确定马克思主义为中国的普世价值之前，人们见证了一个自然淘汰的过程。

第一，尽管西方文化是一种选择，但西方与近代帝国主义侵略者有着千丝万缕的联系，因而很容易冒犯敏感的中国民族主义者。正如毛泽东在几年后提到：“如果中国想拜西方为师，那为什么这位老师总是要侵略自己的学生？”

第二，其他社会主义思想也许是更合适的选择。的确，当时许多中国年轻的知识分子对于各种社会主义学说都表现出了极大的热情，包括了圣西门的乌托邦社会主义，受托尔斯泰影响的基督社会主义和农耕社会主义，克鲁泡特金和巴枯宁提出的无政府

主义理论以及伯特兰·罗素和柯尔所主张的行业社会主义。可惜的是，它们当中没有一种学说能够取代儒学在中国历史上的地位。在第二章中提到儒家思想提倡的“礼”在中国社会中建立起一套复杂的行为规范，它的内涵的普及度相当于西方守法和基督伦理精神的总和。此外，没有一种社会主义学说提供了能帮助实现预设目标的组织上的指导（例如，组建列宁布尔什维克党的设想）。

第三种选择就是马克思列宁主义，它在 1917 年俄国布尔什维克革命成功后就成为了最具吸引力的选项。布尔什维克的成功恰逢中国知识分子发生动乱的时间。在 1919 年中国在凡尔赛和会上谈判失败，导致了全国人民反对西方列强的情绪高涨。在和会上，协约国认可了日本占领战败国德国先前在中国山东省的势力范围，却不顾中国在一战中加入协约国时提出的收复失地的要求。全国的学生、知识分子、商人、工人和社会大众对西方的“失信”迅速作出反应，其范围之广、速度之快都是史无前例的。1919 年 5 月 4 日，大批学生涌入北京街头示威游行，抗议军阀政府坐视不理的态度。五四运动就像星星之火，燎原了中华大地，自此之后，一系列的民族主义和反帝运动相继展开。出于对西方及本国政府的不满，许多知识分子开始将注意力转向俄国的马克思列宁主义。

在此我要补充的是一种与中国人探索普世价值相伴而生却平行前进、对能使中国起死回生的发展模式的追寻，这个追寻也经历了一个淘汰的过程。第一，西方资本主义发展模式。这一模式虽然看着很有吸引力（尤其在西方人看来），但是却不被中国人接受，不仅因为它与西方侵略者关系紧密，而且还因为它与中国传统的半国家资本主义（见第二章）相冲突。第二，日本模式。日本在明治维新后迅速发展，在短短几年内就达到了西方的工业发展水平，这一点令人印象深刻，然而，在1894年中日战争中中国失利后，中国就拒绝向日本学习。最后，就是为大多数激进派的中国知识分子所接受的布尔什维克革命模式。对于他们来说，布尔什维克人在后沙皇时代所创造的成就启发了他们去建设后王朝时期暂时落后的中国。而马克思列宁主义对于中国革命者来说，好比是来自救世主的福音。

据一份日本文献记载，1920年，北大历史学教授李大钊成立了马克思主义学习小组。这个学习小组就是中国共产党的前身。当1921年共产党成立时，李大钊的同事陈独秀教授以及年轻的毛泽东都是主要创始人。他们在信仰马克思主义之前都致力于革命救国，而这与欧洲和俄国的马克思主义信徒的历程恰恰相反，后者在长期信仰马克思主义后才逐渐转变为革命者。

从实际层面来说，次序的颠倒确认了一点，那就是中国共产党人是将马克思列宁主义作为其继续革命的武器和工具。与孙中山革命不同的是，前者以推翻清政府为首要目标，而共产党的革命任务则针对后王朝时代混乱的社会、政治秩序以及对中国虎视眈眈甚至在中国肆意掠夺的外国势力（帝国主义）。所以，共产主义的发现无异于“革命民族主义”的变体，成为了自19世纪中叶以来不断出现的应对西方挑战以及救国存亡的最激进的途径。这同样说明了中国共产党如何将马克思主义思想作适当调整以适应其在中国革命的需要，才能最终指引革命的成功。

六、毛泽东领导的中国革命和马克思主义中国化

毛泽东不是中国共产党的最早创始人，也算不上党内第一批成员之翘楚，但他是创党的一员。由于他拥护农村战略，与布尔什维克在俄国试验成功并受共产国际支持的城市战略相左，他在共产党成立的前十年中一直被认为是异端分子。到 1931 年，当时的共产党由“28 个半布尔什维克”（曾留学苏联受共产国际教育的 29 位中国学生，半个指 28 人之外还有一个不是很坚定的人）领导，他们满腔热情地拥护城市战略，准备动员城市武装力量进行起义，然而却惨遭失败。直到此时，原驻扎在上海的共产党中央委员会才开始迁址，并决定吸收毛泽东在江西瑞金发展农村游击武装力量的经验。在瑞金，毛泽东潜心试验他的农村革命理论。1934 年 10 月，在蒋介石政府的五次“围剿”行动后，共产党部队在毛泽东及其他同志（包括最新加入的中央委员会成员）的领导下，放弃瑞金，开始了著名的长征，一直到 1935 年 10 月，他们才胜利到达陕北，在延安重新建设革命根据地。

长征中，行军者要徒步行走 6000 英里（用中国的计量单位

是 25000 里），翻越 18 座高山，最高的有近 16000 英尺，跨过 24 条江河及沼泽，途中还要与围追堵截的国民党军队和当地的驻防力量持续作战。在延安，中国共产党失去了与莫斯科的大部分联系，而毛泽东则成为了带领共产党继续抗争的最高领导。回顾历史，确立毛泽东的领导优势是长征中最重要的两大事件之一，他的领导地位在 1935 年 1 月的遵义会议上首次获得党内公开支持。另一个重要事件是毛泽东笃信“人定胜天”理念的胜利，而这也是共产党人在日后面对挫折所需要的革命精神。最终，毛泽东领导的共产党在 1945—1949 年的内战中战胜蒋介石领导的国民党，取得了最后胜利。正是从这个意义上说，毛泽东对于中国（共产主义）革命以及马克思主义在中国的传播与应用是最切实且最具权威的。

毛泽东将中国革命中的某些特征与世界上其他革命区别开来，主要是依据两个标准：领导阶级和帝国主义侵略势力存在与否。鉴于西方中产阶级民主革命是由中产阶级领导的，在毛泽东看来，中国共产主义革命则是由在共产党指导下的无产阶级和农民联盟所领导的。将农民纳入联盟是毛泽东对马克思主义工人无产阶级的补充以及对“无产阶级革命”的重新定义。毛泽东认为，布尔什维克革命中的沙皇俄国与中国不同，前者本身就是帝国主义而并非其受害者。

1911 年中国王朝的消亡加之外国列强的入侵，使得中国内忧外患，加重了民族危机。就像发生在神圣罗马帝国、奥斯曼帝国和大英帝国的情况一样，中国王朝的崩塌提出了一个建立或重建民族国家的问题。根据定义，建立国家需要（重新）树立民族自主权，而这一权力则来源于民族主义。20 世纪中国对于民族自主的渴望加深了在革命运动中反帝国主义的情绪以及对于旧制度的厌恶。从这一点上说，毛泽东和孙中山以及蒋介石是有相似之处的，所不同的是革命的程度有差异，更重要的是，他们对于建设国家的具体目标以及采取的手段理解各异。

我想补充的另一区别是他们在描述具体现象时所用的方法（词语）也不尽相同。举例来说，虽然毛、孙和蒋对于中国革命的“反帝”目标没有异议，但是其中的一处主要不同就是毛用于清除国内邪恶势力的口号。在毛泽东（中国共产党）的术语中，中国革命的国内任务叫作“反封建”。客观的历史学家们会认为近代中国并没有马克思在人类历史发展理论中定义的“封建”社会。而且我们在第二章中也提到，中国的封建体制实际出现于周朝（前 1046—前 256）并在秦汉帝国建立后便永远结束了。但是，“封建”一词在汉语中却有第二个与其本义毫不相关的含义，意指过时、落后甚至是反动。例如，依然奉行包办婚姻的父母会被认为是思想“封建”的。在共产党开始执政的第二年，也就是 1950 年，政府出台了新的《婚姻法》，其中将任何“强制的”、“男尊女卑的”或是“忽视儿童利益”的婚姻都视为“封建”的。从这个意义上说，“反封建”实际指反对国内“落后的”、“反动的”势力。所以，一些历史学家将 1949 年前的中国社会定义为“封建”社会（而军阀主义更是“封建”政治）。

总的来说，“反帝”“反封建”以及后来的“反官僚资本主义”（指反对蒋介石政府以及其所代表的一切）成为了中国共产党革命的三大旗帜，也使得马克思列宁主义与共产党所奋斗的目标有了强烈的相关性，尽管中国缺乏如苏联一样的（工业）无产阶级的革命基础。在没有外文基础的条件下，毛泽东将“无产阶级”理解为“没有财产的阶级”，所以没有土地的农民也被包括在内，更进一步说，他的农民革命就是马克思主义所说的“无产阶级”革命。

既然如毛泽东所言马克思列宁主义是结束乱世的手段，[①]那么问题就在于什么构成了中国共产党的合法性基础。在毛泽东的理解中，共产党有两个合法性来源：第一，中国共产党是无产阶级的先锋队，代表了这一阶级以及全社会的革命意愿。第二，共产党致力于消灭国家的阶级敌人。

虽然一般西方人（尤其在冷战时期）会奇怪为什么有人会拥抱共产主义，要回答这个问题，就要理解中国先进的知识分子在马克思列宁主义中找到了哪些在其他学说中所没有的。为了回答这一问题，我们必须先分析一下这些知识分子所追求的主要目标为何。正如前文提到的，这些知识分子在接受马克思主义之前就已经是革命者了，而他们的目标则是“反帝”“反封建”以及“反官僚资本主义”。通过仔细分析我们就会发现马克思列宁主义中的一些思想正好符合这些年轻知识分子的向往，列举如下：

（1）列宁关于帝国主义的理论，解释了为什么由国内资本主义驱动的西方列强们要到中国来寻找市场和资源。

（2）马克思的理论解释了中国不同阶层间隔阂不断的原因，也提供了进行有效社会动员的方法（如毛泽东的“群众路线”）。

① 在1941年题为《改造我们的学习》的报告中，毛泽东提到，马克思列宁主义是实现中国革命的“最好的武器”。

（3）马克思的阶级斗争理论灌输给早期的共产主义拥护者这样一种观念，即若要在后王朝时代一劳永逸地解决中国的所有问题，就要消灭所有的“敌对阶级”（如士大夫和地主）而不仅仅是统治者。这才符合共产党人社会改造之最终目的。

（4）马克思将物质发展（而非精神和思想）定义为历史发展的动力，使得中国人对于物质主义有了重新认识，进而开始全面否定中国传统的迷信、宿命论和神秘主义。

（5）马克思主义的辩证法（源于黑格尔却除去了黑格尔的理想主义）认为经过唯物辩证的过程，历史发展可以纵向晋升至一个更高境界。这个对于中国激进的知识分子来说，可以跳出中国传统思想与历史观中“阴阳”平面循环不息思维的窠臼。

（6）列宁的组织策略和无产阶级先锋理论为年轻的中国知识分子指明了一条革命之路，同时也为共产党提供了合法性来源。

（7）马克思对于劳动力的重视颠覆了中国强调脑力劳动的传统，在孟子看来，社会生产力的形式主要分为脑力和劳力，劳心者治人，劳力者治于人。

（8）马克思主义的普世价值可以代替儒家的普世价值。

| 第五章 |

改革开放开启中国道路

从邓小平不断否认他摒弃社会主义而采用资本主义的态度来看，他一直不希望别人将“改革开放”视为中国革命的终止。作为一位老红军，邓小平一直将自己视为毛泽东的同志和战友，他们曾一起赢得内战，也要一起将中国共产党的革命进行到底。邓小平对于上层建筑和经济基础的辩证关系与毛泽东的看法一致。对于这两位领导人来说，意识形态不仅可以作为新中国的上层建筑，更可以作为引领社会变革的推动力。换句话说，毛泽东和邓小平将意识形态视为儒家思想的替代品，正如后者在传统中国起到了树立社会价值目标和准则的作用。

一、邓小平改革：自上而下的革命

关于邓小平的文献有很多，在此我将着重分析其改革的精髓及其影响。与一般的认知相反，邓小平改革既没有否定意识形态的重要性，也没有背叛中国的共产主义革命，是一种自上而下的、不同以往的革命方式。

邓小平改革及其取得的成就不仅仅局限于审判“四人帮”并纠正毛泽东时代的激进行为。回顾历史，我们可以将其功绩主要总结为如下四点。

（1）改变意识形态方向，采用实用主义而非激进的教条主义。1978 年春邓小平重申“实事求是”[①]的口号以来，它便成了引导中国共产党改革发展的指导原则。其后，他又修正了毛泽东主张的中国已经进入共产主义的说法，指出“中国仍然处于社会主义初级阶段”，[②]为发展混合型经济提供了合法基础，包括公有制、私有制和混合所有制（对外贸易和引进外资）共同发展，

① 《邓小平文选》第 2 卷，人民出版社 1983 年版，第 126 页。

② 《邓小平文选》第 3 卷，人民出版社 1983 年版，第 258 页。

也使得在社会主义制度中发展市场经济成为可能。同样，他坚持认为物质刺激之应用不会改变实现社会主义的追求。他没有放弃社会主义，只不过他认为要努力实现的是带有“中国特色”的社会主义。

（2）政策的变化促成了社会主义现实观的兴起。它源起于人民公社制度的废除，将土地使用权拨给私人，鼓励物质刺激和“自由市场”的发展，所有这些都有助于实现中国经济的市场化。

（3）支持技术引进（及之后的海外投资），为实行“改革开放”扫清道路。

（4）其他措施，如加强全国人民代表大会的地位（所以在1979年一年中就有九部法律出台，而之前的三十年中仅有两部法律），细化技术官僚分工，提升其竞争力。邓小平还为许多党内老干部们平反昭雪。

由于邓小平力主改革，等于是调转了众所周知的毛泽东激进式的革命，所以很多西方对世界革命进行比较研究的学者，也许会质问邓小平的做法是否代表一个革命的“返照”。这典故出自一位名叫布林顿的教授对世界上四大经典革命（法、英、美、苏）的比较研究。他发现在这四大革命过程中，每个革命到了某个阶段（比通常预期要早）都会产生一个返照，他称之为“热月返照”。所谓“热月”，是法国大革命日历上的第十一个月。正好在此时法国大革命就出现了激情回转的“返照”。布氏借用医学上的名词，将革命比喻为病人的发烧时期，而将革命的“返照”比作病人开始恢复状态。虽然他发现在俄国的布尔什维克革命中这种“返照”来得较其他三个革命为晚，但在列宁生前即已出现（譬如，列宁在1921年提出的“新经济政策”即是最好证明）。鉴于毛泽东努力地通过一系列运动来实现他“不断革命”的目标，那么比较学家们有理由提问，邓小平大规模纠正毛泽东激进主义的举措是否代表着国家正逐渐走出“文化大革命”的阴霾而达成一个革命的“返照”？

尽管直觉上认为是这样，但如果仔细地全盘考察邓小平的举措，可能会得出不同的结论。从历史角度看，邓小平所做的只是在毛泽东去世后重新规划中国共产党的革命路线，而不是彻底推翻原来的目标。如果将布林顿的医学比喻加以延展，那么这就好像对病人做了一次大手术，虽然病人的生理（及容貌）有了很大的改变，但是他的心智和灵魂还和原来一样。接下来就让我列举一下得出这一反直觉结论的原因，尽管乍一听会感觉有些离经叛道，但是这些能帮助我们更确切地理解邓小平的改革。

第一，邓小平并非不重视意识形态。虽然邓小平是一位坚定的实用主义者（“不管黑猫，白猫，抓着老鼠就是好猫”），但是他从未否认意识形态的重要性。事实上，在邓小平的大力支持下，坚持马克思列宁主义和毛泽东思想作为中国发展的“四项基本原则”[①]之一被写入1982年中华人民共和国宪法及党章（相当于中国共产党的宪法）。

第二，在邓小平的总规划中，共产党的终极目标依然是实现共产主义。这与毛泽东原先的社会再造的目标不谋而合，只是实现的方法不尽相同。对于邓小平和毛泽东来说，开创一个新的现

① 其他三项基本原则是：坚持共产党的领导，坚持人民民主专政以及坚持社会主义道路。

代中国是革命的目的，而马克思主义意识形态是手段。两人都将中国革命视为国家和社会革命的集合体。这种双重革命的特征决定了其目标是建立一个不受外国统治、不受中国传统束缚的强大的现代化国家。[①]虽然对于毛泽东来说，国家革命的主要内容是反抗帝国主义（如消除外国侵略势力的影响），而邓小平的主要任务则是使中国重新融入世界体系并收复香港、澳门和台湾。而社会革命的部分对邓小平来说就有很多不确定因素，因为他（及其继承者）必须面对市场化带来的许多意想不到的结果。

第三，虽然邓小平成功纠正了毛泽东的过激政策并将国家发展重新纳入正轨，但是邓小平本人从未像苏联赫鲁晓夫批判斯大林那样否定毛泽东。与之相反的是，在邓小平的支持下，毛泽东的历史地位在1981年第十一届中央委员会第六次全体会议通过的文件中被予以肯定。尽管党内对于评价毛泽东在1956—1976年间所犯的政策错误的部分有很大争议，但这一文件毫无异议地指出毛泽东对于中国革命（直到1976年他去世）的贡献要大于他所犯的错误。

从邓小平不断否认他摒弃社会主义而采用资本主义的态度来看，他一直不希望别人将“改革开放”视为中国革命的终止。作为一位老红军，邓小平一直将自己视为毛泽东的同志和战友，他们曾一起赢得内战，也要一起将中国共产党的革命进行到底。[②]

邓小平对于上层建筑（对于马克思来说，意识形态是社会统

① 在《中华人民共和国宪法》的序言中，“帝国主义”和“封建主义”（落后的代名词）被定性为社会进步的两大障碍。

② 关于这一点的论述，我的资料主要来自于我与邓小平在其北戴河居所的一次6小时的会谈（1987年7月29日，下午3:00—9:00，其间还包括一次丰盛的晚餐）。

治阶级价值观的产物）和经济基础（在马克思看来是社会的阶级联盟）的辩证关系与毛泽东的看法一致。对于这两位领导人来说，意识形态不仅可以作为新中国的上层建筑，更可以作为引领社会变革的推动力。换句话说，毛泽东和邓小平将意识形态视为儒家思想的替代品，正如后者在传统中国起到了树立社会价值目标和准则的作用。简而言之，中国革命在成功之后，其任务在于重新塑造一个由共产党的意识形态为现代中国设立新目标的浩大的社会工程。邓小平被尊为当代中国“改革开放”的总设计师，带领建设具有“中国特色”的社会主义的大业即是此意。

第四，邓小平为确认马克思列宁主义的合法性所做的努力。他对自己在1978年发表的、关于“实事求是”的讲话作进一步诠释，以纠正自由化倾向。例如，在1985年的党代会上，邓小平着重强调马克思和列宁思想的重要性，他对与会干部说，“鉴于我们在建设中国特色社会主义时会遇到种种挑战，我们需要不断补充新的知识，但是我们仍必须牢牢抓住马克思主义的基本信条。”[①] 此外，邓小平更注重党员的责任意识，而不是仅仅喊口号或是对党的盲目忠诚。1984年末，中国共产党印发了一套《关于加强和改进高等院校马列主义理论教育的若干规定》，邓小平予以支持，这反映了他希望深化马克思主义思想在党校和各高校中影响的决心。

邓小平在会上提出的理性看待意识形态而不要盲从的主张，即使在其去世后，一直在党内延续。江泽民在2000年提出的“三个代表”重要思想，不仅是适应市场经济时代，提出了共产

① 关于邓小平讲话的全文，详见1995年9月24日出版的《大公报》（香港），第2版。

党新的合法性之根据来源，更是一再体现拥护理性和个人利益的精神。

许多人可能依然记得邓小平对于物质追求的支持（“光荣致富”）以及允许不同地区和群体间出现不平衡的发展（“让一部分人先富起来”），但是这不能否认邓小平在毛泽东逝世后坚持社会主义革命的事实。从这点上来看，邓小平时代并不能算是中国革命的“返照”期。

一个经常被忽略的问题就是在后毛泽东革命时代人（性）的改变。在毛泽东时代，一系列的整风运动，包括“文化大革命”，都积极动员群众参与（尤其是农民、工人和学生），所以说毛泽东的革命是自下而上的，但是邓小平的革命却是自上而下的。

邓小平的改革政策是由党内和政府精英共同制定的。所有邓小平实施的政策都是以人民的利益和被人民拥护为基础的。群众是毛泽东时代的运动中的主力军，却是邓小平改革开放政策的追随者和受益人。邓小平鼓励私有企业的回归，废除了人民公社，将土地使用权交给农民并在改革开放中创造了许多新就业、新机会、新市场和新财富。邓的改革，虽然没有系统的政治改革的配合，仍然是一场深刻的革命。

总的来说，邓小平的卓越贡献在于：他不但挽救了在毛泽东时期濒临崩溃的中国经济，还创造了经济发展的奇迹。相对于毛泽东“文革”的失败，邓小平的成功由许多因素构成。其中一些值得我们特别强调：（1）适应人民的自然需求、鼓励物质和利益激励；（2）引进国外技术和外来投资，而不是像毛泽东一样过分强调自力更生；（3）允许地区和个体间的不平衡发展，而不是继续毛泽东的绝对平均主义。

邓小平改革的成功源于对公共部门和私有部门自上而下的巧妙融合与管理，同时也要归功于他积极开拓的试验精神，而使这一共生体系不断有效运作的指导原则就是“国家规范市场，市场指导企业”。

二、如何客观看待中国模式与中国道路

2008 年华尔街金融危机之后，各国政府和学术界纷纷将国家干预视为解除危机的有效手段。奥巴马政府提出了 2.5 万亿美元的援助计划（之后国会通过了 7 千亿美元）。同样的，欧盟国家、日本等政府也相继推出财政拨款计划，以努力重整金融市场并稳定银行系统。在 2008 年以前，除了中国长期奉行国家宏观调控银行系统和整个经济的传统外，这样的模式在别国看起来是无法想象的。在 1997—1999 年的亚洲金融危机中，该地区中的其他强势经济体都纷纷倒台，而中国却凭借国家对银行和经济的严格管控逃过一劫。2008 年后几乎在全球同时开展的政府支持财政措施被杜志豪理解为："一种带有讽刺意味的趋势，全球政府的财政支持行为与中国的政府干预模式不谋而合。"

"中国模式"的概念似乎根植于许多研究学者脑中。在评论 2008 年后的金融危机时，尽管奥尔特曼没有明确提及中国模式，但他却提到这是一个"国家的作用略大于"私有企业作用的时期，并以中国为例；在谈及美国政府对银行系统的支持时，《纽约时

报》专栏作家托马斯·弗里德曼不假思索地评论道：“美国和中国是两个国家、一种制度”；在通用汽车宣告破产后，美国政府提供了大量财政支持，控制了通用60%的股份。在布雷默看来，美国成为了“国家资本主义”的后来者，而中国却是这一制度的引领者。①

尽管很多人支持政府的财政干预，也有很多人谈论中国模式，但是在我于2010年春夏到中国休假时所请教的一些学者中，没有一人承认有“中国模式”的存在。他们中的大部分人只接受“中国道路”的说法，例如邓小平提出的将“摸着石头过河”等作为其改革的指导原则。那么接下来的问题就是，中国模式和中国道路有何区别？

在西方社会科学的用语中，“模式”一词其实是将复杂的现实加以简化后的统称。可比作一个缩影，其包含之成分较为简化。它是一种帮助人们理解在什么情况下某事会发生（或不发生）的工具。但是在中国，“模式”有两种含义：它是一部供人参考的已经列出详细步骤的剧本；它是可被他人模仿的榜样。而“道路”则指通向某一特定目标的途径，它不包含作为榜样被人模仿的含义。②这一点可以在时任国务院总理的温家宝于2011年3月14

① 除了中国，布雷默还列举了当代国家资本主义兴起的四次浪潮，第一次始于20世纪70年代石油输出国家组织的成员，而最后一次在2008年后由世界上最富有的国家（美国，澳大利亚，日本等）终结。但是，布雷默仍然相信国家干预经济在美国只是短暂的现象。对于中国，他对中国官僚解决本国社会及环境问题的能力存在质疑，他认为只有自由的市场才能真正帮助中国解决13亿人口的住房问题并创造每年1000万至1200万的就业机会。

② 在与许多中国学者，包括由上海社会科学院副院长童世骏博士带领的一支专家队伍进行深入交流后（于2010年春），我总结得出了上述观点。童世骏博士带领的这支团队正在研究“‘中国道路’及其影响”的课题。

日的答记者问时得到印证，他说：“我们所努力的并不是建立一种（供别人模仿的）‘中国模式’，每个国家都应该依据自己的国情找到适合的发展‘道路’。”①

在理清这一语言学上的问题后，我们接下来就要解密“中国模式”。通过分析，我们将理解为什么中国学者否认这一模式的存在。但是在我们解释中国经济在过去三十多年中保持年均9%—10%的快速增长的原因时，我们将同时提到中国模式和中国道路。在作者的理解中，中国道路是达到（或实现）中国模式的过程，而后者也是推动中国经济持续增长的具体制度安排。换句话说，中国道路是过程，中国模式是目的。

虽然我们理清了中国模式与中国道路的关系，但是关于前者还有另外一个困惑没有解开，那就是其他国家的经济会因为这样或者那样的原因而走缓，中国经济发展却似乎从未受到同样的干扰。因此它仍是一个无法解释的谜。

相较而言，“中国道路”意指一种结果开放的动态过程，而中国模式则是一个静态的概念，代表某一时刻的情况。借用“中国道路”的表达，人们将邓小平改革视为一种过程，通过不断的变迁和调整，最终到达既定的目标。鉴于这是一个被重重迷思包裹着的复杂问题，我们的讨论，只是一个简单且不完整的、对于1979年以来创造了持续增长的制度与程序复制图样。

如果拿来与毛泽东时期政府全权调控宏观和微观经济的计划时代作比较，人们就可以更好地理解邓小平的改革开放。在邓小平的改革中，这两者是分离的，而且正是朝着“社会主义国家市

① 详见纽约《侨报》的报道，2011年3月14日，A2版。

场经济”的方向发展。但这一转型并非完全没有国家计划，而是在政府的监管中稳步向前。如果说邓小平改革和毛泽东的计划经济有任何相似之处，那就是共产党在社会发展中的作用没有发生变化。共产党参与制定国家转型的指导方针，更重要的是，要监督它们的落实情况。我们必须记住，中国实际上一切政府运作都由共产党领导。

在邓小平的改革实践中，人们可以清楚看见共产党参与制定战略方针的三件大事：在 1978 年召开的第十一届中央委员会第三次全体会议上出台农村经济转型的政策，废除人民公社制度并鼓励物质奖励；在 1984 年党作出决定后，将改革重心由农村转向城市；1987 年党中央提出将“国家规范市场，市场指导企业”作为中国经济发展的指导原则。

新经济政策的特征可以被总结为如下几点：公共所有制与其他所有制形式并存；国家领导与市场发展并存；国家参与宏观调控，规划包括投资目标与平衡发展战略等事宜；在经济管控上注意集权和分权的平衡。

我想我们可以将中国的发展经验简单概括为两点：第一，邓小平倡导的改革中既有政府干预这只“看得见的手”，又有市场调控这只“看不见的手”；第二，邓小平改革成功的关键是胡飞雪所谓的中国“全球化”，即向外国资本、技术和资源开放中国市场。胡飞雪具体研究了一个许多分析家在比较毛泽东时代和邓小平改革开放时期的中国经济中经常忽略的因素。其实，对外开放不仅是中国主动的发展，也是由于国际环境使然。在毛泽东时期，中国被排斥在由美国、西欧国家和日本主导的全球经济之外。而由于 1949—1957 年间与苏联关系密切，毛泽东时代的中国便向苏联寻求帮助。胡飞雪指出，将斯大林的计划经济模式移植到年轻而脆弱的中国经济几乎是当时唯一的选择。相比之下，1979 年中美关系正常化改变了整个中国战略，使中国在其后的几年中与几乎所有其他发达国家建立外交关系。为了说明这一系列的外交突破对中国经济的意义，胡飞雪指出，1982 年中国登记谷物产量为人均 700 斤（约 772 磅），差不多是中国唐朝开元盛世（713—741）时的水平（这是中国第一次崛起于世界近千年的开始）。他同时补充道，在 2001 年 12 月加入世贸组织后，中国更是经历了一场“非同寻常的持续增长”。

第六章

无可复制的中国模式

中国模式既非纯粹的国家计划经济，也不是彻底的资本主义体系。在实际操作中，实行中央和地方政府的实际上的分权。这一架构是在中国模式的发展中逐渐演变而成。这种发展模式建立于公有制和其他所有制的混合基础之上，而邓小平改革使得市场在另一类的国家主导经济的模式中占有重要的地位。值得注意的是，这场改革无论在中国或是国外都无先例可循，它是在探索最适合中国国情的改革方案中逐渐演化而成。探索的过程也是一次不断试与错的体验，时而精准、时而失误，直到找到最终答案。

一、中国模式应该怎样去理解

如郑永年指出，要想理解中国模式，必须仔细研究中国共产党的特殊地位，因为它是整个体系的灵魂和中心。在西方民主制度中，政党扮演着连接国家和社会的中间角色，而在中国一党制的体系中，共产党却拥有非常不同的功能。其中最重要的职能就是在双重政府结构中整合政党和国家的关系，使党监督领导国家的运行。这样的党－国结构其实是从列宁主义中发展而来，原因有二：第一是保证政府管理的效率，第二则是防止德国社会学家罗伯特·米歇尔斯在他“寡头统治铁律”中提出的官僚的僵化问题。共产党的主要责任就是一方面监督国家机器的运行，另一方面则是保持政权的革命活力和指导社会向既定的目标前行。根据这一定义，共产党为了保证国家职能的有效运行应该密切关注政府治理现状，但是也不能太纠结于日常的细节问题，因为这样会使党难以维持它的战略目标和革命热情。

我要补充的是，由于政党和国家的混合程度不同，加上党的绝对领导地位，中国政治在党的领导之下可能走向截然不同的方向，也会导致不同的经济表现。例如，毛泽东时代和邓小平时代的鲜明对比，即证明了这一观点。

在党－国的双重政权中，政党扮演了郑永年所谓的“直接治理”中国的角色。这与西方政党的“间接治理”完全不同。在西方，政府由政党中赢得选举的政客们直接管理，而政党本身却没有这样的权力，更不用说它们能命令政客从而操控政府。由于这个大前提不同，其他由此推论而来的一切，均不一样了。而在中国的政党制度中，共产党是决定政治参与的终极权力，是合法性的来源，同时它还制定目标并监督社会朝着这个方向前进。在邓小平的发展模式中，官方宣布的目标为实现“具有中国特色的社会主义市场经济”。在邓小平看来，社会主义应该存在分配公正问题。简单来说，他所制定的目标能使中国摆脱毛泽东计划经济时代因专制而导致的厄运，从而重建一个繁荣富强的中国。所以，邓小平的改革开放在贸易、投资和技术等各个方面全面打开国门。他相信，通过来自不同背景和民族的各阶层的精英的团结和奉献，共产党努力整合各方不同利益，能将社会的利益冲突降到最低。这种强大的党－国共生体制有效避免了有损制度整体利益的特殊利益集团的兴起，同时也实现了上下同心同德“一条鞭”效应的产生。

解密中国模式的第一步就是要了解党－国制度的变迁，从一个革命政权转型为通过行政和政治手段指导国家的“正常”管理机构。这样的转型通过一场以经济发展为目标的政治改革来完成，改革的结果是建立了一个合理的政府管理体系，包括承担经济职能的机构。它也在法治健全以前用政策与行政办法保护私有财产。这一转型背后的理论依据是，既然法律是一种冻结现状的保守力量，那么通过政治行政手段来治理中国和保护私有财产将会是转型期间更有效的手段。

在西方，私有财产权受法律保护，而在中国财产权也同样受政策法律和行政规范的保护。在邓小平的改革中，中国共产党成为了经济发展的“保护神”，2002年党章重新修订后，除了工人、农民、军人，其他拥护社会主义的人士也有资格加入中国共产党。[①]事实上，建立社会主义市场经济已经将毛泽东坚持的马克思主义阶级斗争体系进行了新的调整。不可否认的是，在邓小平的改革中，私有财产已受到行政制度和法律的双重保护。

在郑永年看来，这一点也许能为我们分析一般人所有的迷惑提供一个新的角度。在世界银行提供的关于181个国家商务友好环境和投资安全指数的排行榜上中国名次并不靠前（分别为第83名和第88名），既然如此，那么为什么外国公司和投资者还希望选择中国来投资和做生意？问题的关键也许在于世界银行在进行调查时选用的标准。如果世行是以西方理解中的私有财产的法律保障和社会的法治环境作为依据，那么可想而知中国的排名一定靠后。[②]但即便如此，中国依然有反驳的理由，因为自1979年后，大批关于贸易和私有财产的法律被批准和实行。例如，2007年颁布的《物权法》，另外还有行政条例、政策保障和内部规范的补充。此外，中国还加入了许多关于保护外国投资和贸易权利的国际条约，其中包括《保护工业产权巴黎公约》《国外仲裁裁决纽约公约》《联合国关于国际物品销售合同公约》（《维也纳公约》）以及《伯尔尼保护文学和艺术作品公约》。这样看来，外国企业和投资者之所以抛弃那些在世界银行榜上排名较高的国家而选择中国，一定是综合考量了中国关于贸易和海外投资的法律和这些条约对他们能起到的保护作用。

① 除了工人、农民、中国人民解放军和知识分子外，2002年11月14日中共十六大通过的新党章允许“其他社会阶层的先进分子”加入中国共产党，其中也包括了资本家。

② 参考自2009年世界银行的报告（于2007—2008年进行的研究）。

二、“看得见的手”的巨大魔力

中国模式既非纯粹的国家计划经济，也不是彻底的资本主义体系。总的来说，它指的是在中国政党体系下管理的半市场化的经济制度，[①] 并且在实际操作中，实行中央和地方政府的实际上的分权。

这一架构是在中国模式的发展中逐渐演变而成。这种发展模式建立于公有制和其他所有制的混合基础之上，而邓小平改革使得市场在另一类的国家主导经济的模式中占有重要的地位。值得注意的是，这场改革无论在中国或是国外都无先例可循，它是在探索最适合中国国情的改革方案中逐渐演化而成。探索的过程也是一次不断试与错的体验，时而精准、时而失误，直到找到最终答案。即便如此，寻找更优方案的脚步一直没有停止，人们总希望能找到帕累托最优的选择。照此分析，“中国道路”确实是一种不断探索的过程，而唯一确定的是已经设定的改革目标。

① 这是一个有争议的表达，因为很难用具体的数字去衡量一个经济体中不断变化的市场化成分，但是我在此借用这一术语是为了说明美国和欧洲仍未承认中国是“完全的市场经济”，这待由2016年世贸组织的裁定。

从1978年改革之初，邓小平就意识到实行社会主义的市场经济与原来的计划经济不同，它应该仅对经济进行宏观调控，允许市场发挥自身的调节作用，但是要注意避免市场不受控制的情况发生。而事实也证明在经过一系列不断的实践和调试之后，一套完整的制度架构浮出水面并投入使用。它们承担的是对经济发展进行宏观调控的重任。

过去30年中许多关于中国经济改革的研究都陷入了研究调整细节的泥潭。很少有人能系统地概览这一系列引领中国快速持续发展的宏观调控政策的所有组成部分。我必须说明的是，由于改革的不断调整，想要勾勒出中国模式中宏观调控制度的轮廓是相当有难度的，更不用说要准确分析它们是如何相互作用创造出了惊人的经济奇迹。① 以下的三个宏观调控组织值得我们特别注意。

国家发展和改革委员会。前身是2003年之前的国家计划委员会，是宏观经济调控结构中的重心。它同时合并了前体制改革委员会的各项职能。作为听命于党的指示却隶属于国务院的宏观调控部门，这个国家发展和改革委员会承担着制定经济、社会发展政策和战略的重任。2003年的行政改革中，国家发展和改革委员会在温家宝总理的领导下部分继承了国家经济贸易委员会的工作，后者原来分管宏观调控中短期的经济和商业活动。由此，国家发展和改革委员会批准并管理所有长短期的经济项目，包括企业间的兼购与合并。②

① 此部分讨论的资料大都是我于2010年在中国休假时收集的。

② 国家发展和改革委员会网站：http://www.sdpc.gov.cn。

国有资产监督管理委员会。负责管理中国国有企业。它有权任命企业的行政管理人员并批准企业的并购和股票与资产交易，同时它也负责起草与国有企业相关的法律。据一份数据显示，国有资产监督管理委员会在2009年监管196个大型的中央企业，总资产估计约6万9千亿人民币（约1万亿美元）。而到2010年，受监管的企业的数字则下降到123家。[①] 正如中央层面的国有资产监督管理委员会代表中央政府行使企业所有权一样，地方的国有资产监督管理委员会同样也对相应级别的国有企业行使类似的职能。尽管国有资产监督管理委员会与大型国有企业间经常出现矛盾，但是国有资产监督管理委员会是强有力的国家监管机构，则是不争的事实。

中国银行业监督管理委员会。它是最年轻、最国际化的中国财政管理机构，在2003年从中央银行独立出来，并直接向国务院汇报工作。它的工作就是管理除香港和澳门、台湾以外的中国整个银行系统。它的主要功能包括对银行机构的现场检查和场外监督以及惩罚违法行为。自2008年华尔街倒台引起的金融海啸以来，中国银行业监督管理委员会最重要的职能便是及时警告银行的过度借贷以及在预料的风险实际来临前采取“先发制人的措施”。报道中还附载了一张图表，显示2009年中国发放小额贷款共4.2万亿人民币，而不良贷款的比例则创了历史新低，仅为3%。如果事实真是如此，那么这就有力地反驳了某书中提到的“中国高速发展背后脆弱的（银行）基础”这一悲观和负面的观

① 一个关于国有资产监督管理委员会的博客给出的2010年受监管的企业数字为123家，与计划中预计全年削减80—100家相吻合。详见http://www.sasac.gov.cn/n1180/index.html。

点。而这一令人欣喜的现象则应归功于中国银行业监督管理委员会的有效监管。

以上三个机构只是宏观调控的制度架构中的冰山一角，它并没有全面反映该架构是如何运作的。即便我们逐一了解了其工作原理，我们仍然不知道它们是如何相互作用并产生巨大效力的。我们更不知道它们是如何融入整个中国模式的。在整个经济体系中，每个机构和企业都受党中央的最终领导和监督。同样的，在党－国体系中，中国共产党是整个经济和社会的终极领导者。党中央对经济发展的宏观领导体现在下列诸项：决定经济发展的总体目标；筹划整体计划；制定政策及相应的支持战略；起草必要的法律和规范。每个企业中的党委书记通常代表党中央执行这些职能。有些党员代表也可能在企业的董事会中供职，他们通常向党的纪律检查委员会负责。同样的，在一些私人企业中也会有党员组成的党组织，它们无形中是党和企业间的桥梁，确保党的领导地位。

尽管我们了解了共产党在经济和其他社会事务中的决策地位，我们仍不清楚重大决定的具体制定过程。我们同样也不清楚重要经济项目的实施流程。我们仅仅知道这些过程是非常复杂繁琐的。举例来说，在制定第 12 个五年规划（2011—2015）时，国家发展和改革委员会本应承担准备第一份草案的责任，但是直到咨询完中共中央政策研究室的党内高级领导和顾问的意见后，它才开始着手起草文件。这份咨询草案送交一个由国务院研究室召开的专家委员会（多至 50 个成员）讨论与审核。在听取国务院各部委与相关单位的意见后，该专家委员会制定一份正式的计划草案，呈递于2011年3月召开的“全国人民代表大会”，以供其讨论审核。而全国人民代表大会要在听取政府报告和每年与全国人民代表大会同时召开的中国人民政治协商会议的意见后才能作出最后批示。在全国人民代表大会批准后，最后一步就是等待国务院的公示和实施。[①]

概括来说，党中央在整个经济和国家管理上具有无可争议的领导地位，但是这种领导并非一手遮天的瞎领导。换句话说，共产党设定国家的整体目标，而根据这些目标制定的计划和政策并非凭空想象而来，它们是经过党内外的专家反复讨论研究后得出的结论。由此可见，中国的经济发展模式并不像人们对社会主义中国的固有印象那么“封闭”。

上述提到的只是中国宏观调控模式的一部分。那些急于将邓小平改革称为“资本主义体系”（甚至被称为“红色资本主义”）的评论家们忽视了那只“看得见的手”的作用，而它并不会出现在通常由“看不见的手”所调节的市场体系中。有三个例子可以具体说明中国的经济制度不是所谓的“红色资本主义”体系。第一个例子，2011年春节，当不断上涨的食品价格有可能导致严重的通货膨胀时，时任国务院总理的温家宝便在2月2日作出指示，强调控制物价上涨将成为第十二个五年计划中最重要的目标。政府首先发布条令禁止四大粮食央企在市场中大肆购买粮食以阻止不断上涨的粮价。[②]第二个例子更能说明问题，它表明

① 关于这一论述的资料大都来源于我于2010年在中国的采访记录，详见“A Plan Is Born”，《北京周报》，第37期，2010年9月（或者可参考：http://www.bjreview.com.cn ）。

② 详见《世界日报》（纽约）的报道，2/28/11，B1版。

这只“看得见的手”能够有效控制迅速上升的房价，阻止房屋的投机买卖并避免房市泡沫的产生。在政府出台了一系列政策后，在购买房屋前必须出示在当地的居住证明以及每人限购一套房屋，国家发展和改革委员会在2011年3月22日颁布了“明码标价”的规定。按新规定，开发商必须在每一套出售的房屋注册登记时明码标价，并在实际销售中保持这一价格。除非房屋重新登记，不然开发商绝对不能任意提价，而且禁止以任何借口加收额外费用，如服务费，等等。[①]第三个例子则说明了这只看得见的手的执法权力。在英荷消费品制造商联合利华于2011年5月宣布上调价格后，它被罚款200万人民币（约30.8万美元），因为其违反了中国政府3月出台的要求所有企业控制物价上涨以缓和通货膨胀的规定。[②]毋庸置疑的是，无论人们如何扩展“资本主义”的内涵，这只“看得见的手”所起的作用已经将中国模式排除在资本主义的行列之外，而用邓小平的话来说，中国模式应该更确切地表达为“社会主义市场经济”。

① 参见《侨报》（纽约）转载的新华社的报道，3/23/11，B—1版。

② “China Fines Unilever in Inflation Crackdown”，来自于http://huffintonpost.com/huff-wires/20110506/as-in-china-inflation-crackdown/ 。感谢香港的Y.Y.Kueh教授让我关注到了这一案例。

三、中央与地方的关系该如何平衡

与联邦制不同，中国是一个单一制国家。在政治结构的最上层是单一的中央政府，由其直接管理下设的省级次中央的行政单位。这些省级次中央的行政区划包括23个省（含台湾）、5个自治区、4个直辖市以及2个特别行政区。在行政系统里的中央与次中央政府之间隐蔽不显的平衡与运作之弹性，同样在中央与地方阶层的经济单位之间存在。对于这一中央—地方平衡关系的分析将有助于我们更好地理解中国模式的机制。

在邓小平的改革中有计划的分权致使中央政府和党中央与省级单位间建立起了一种谢淑丽所谓的“互惠的责任关系”，后者在中央的领导下推动了中国的经济发展。约翰·奈斯比特将此称为中国的“垂直民主”。这种权力共享的平衡关系对于国家的经济发展有双层含义：首先，鉴于党中央委员会的成员大多都是由省级干部组成，这确保了委员会在制定政策时能充分考虑到各省的实际情况，同时也保证了各项政策在省级及以下的政府层面得到严格的执行。其次，由于省市级的领导干部多是由省长从当地的才俊中挑选并任命，这些人对于地方情况的了解和熟悉确保了政策最有效的落实。①

与行政层面的改革一样，在中央和地方的权力分享问题上，即集权与分权的关系，同样进行了三次改革，分别是税务制度改革、银行系统改革和公司制改革。但是这些领域中的变革远复杂于前文中提到的行政管理层面的分权。

第一，税务改革涉及中央和省级权力的重新划分，但是并不意味着后者将获得更大的权力。1994 年前，中央政府并没有征税的权力。各省在权限范围内征完税后将会按照预先设定的分割比例，将属于中央政府的部分打包交纳给中央。而 1994 年实施的新税务制度则明确划分了三种不同名目的税收，分别为国税、省级 / 地方税以及中央政府和地方的联合税。这一制度有双重目的：一是再次明确了各省市拥有一定的财政自主权。二是由于国税的出台，中央政府的税收由先前占全国税收的 30%（或以下）上升为 50%。如此一来，各省市在遇到预算危机时将会更加依赖中央政府。

第二是银行系统改革。在邓小平实施改革之初，中国人民银行作为中国的央行在各省市都有分支机构。但是由于其人事和财务管理不可避免地受到当地省级政府的影响，这些分支便不总是专注于北京总行的指令。这一问题直到 1992—1993 年间由于房市和股市泡沫而出现了财政混乱时才充分暴露出来。然而，这一现象在 1993 年朱镕基副总理提出的针对财政危机的“16 条”中

① 由于地方政府对于中央政策的规避已经到了猖獗的地步（俗称“上有政策，下有对策”），中国共产党唯有双倍增加地方党委的官员人数以确保中央政策在地方的有效执行。

并没有得到及时纠正。而在 1998 年的银行系统改革中，朱镕基总理提出关闭中国人民银行在各省市的所有分支，取而代之的是九个跨省的机构，它们受中央银行的直接监管，避免了省级政府在人事和财务管理上的控制。

第三是公司制改革。毋庸置疑的是源起于邓小平 1992 年南方谈话的公司制改革，它不仅大大提高了国有企业的整体效率，还刺激了私有（非政府）经济的发展。[①] 自此之后，公司化就成了精简国有企业和实现非公有制经济的有效工具，它能将濒临破产的国有企业转型为私有公司或将其出租给私人管理。经过重重努力，邓小平及其改革的拥护者们，甚至在邓逝世后都始终能够维持一种双重平衡，一是中央与地方间的，而另一重是公共部门和私有部门间的平衡。在我看来，巧妙维持这种双重平衡不仅实现了公司制改革的成功，也有助于中国持续、快速地发展经济。当然，在实现这种双重平衡的要素中，我们也必须将与公司制改革同步进行的银行系统改革的互补性因素考虑在内[②]。双轨制的公司制改革在银行体系改革的支持下，为非公有部门（包括海外投资和国内私有企业）的发展铺平了道路。据一份美方数据统计，2003 年中，中国非公有部门产出的产品附加值占整个非农业部门的约 57%（1998 年为 43%），并占中国整个出口产品的 3/4。

---

① 关于1992年邓小平南方谈话的记录，参见陈开枝的著作（2004）。在著名的南方谈话中，邓小平强调了创造国家财富的重要性，并重申这与社会主义的目标一致。在谈及苏联解体的教训时，他指出，苏联的失败错不在社会主义制度而是因为他们未能发展“国家生产力”。因此，邓小平积极鼓励国人同胞们“解放”并“发展”国家生产力，并示意有选择地借鉴创造了“现代文明硕果”的资本主义企业家精神的经验，更好地帮助中国实现其发展目标。

② 邓小平的南方谈话被写入了全国人大1992年10月的决议，并于1997年10月的全国人大上修订。这项决议指导了国有企业的股份制改革。

必须补充的是，银行系统改革本身也体现了在整个架构中不同层面的垂直平衡。除了中国工商银行（现今世界最大的银行）、中国银行、中国建设银行和中国农业银行这四大银行外，在其他中小规模的银行中也有明显的等级划分。例如，对于中小企业来说，有一整套金融机构可以为它们提供帮助，如在中国东部、中部和西部都设有服务当地的地方银行。农村地区是乡镇企业较集中的地方，它们大都从人民公社起家并在人民公社废除后逐步发展起来，而面对农村市场，中国农业银行就成为了提供金融服务的主要机构。除了像农业银行这样的大型商业银行以外，为农村市场提供金融服务的机构还包括以政策为导向的农业发展银行、农村信用合作社、邮政储蓄银行以及一些中小型的农村金融机构。[①] 这些是邓小平公司制改革中典型的制度安排，即企业背后有一批金融机构作为坚强后盾。而上文提到的并不包括“私有银行”和外国资本。

① 详见中国银监会2008年年报。

四、中国为什么能创造经济奇迹

外国许多人，包括学者和政府领导都困惑于中国的高速发展——曾创造出连续多年超过9%的年增长率的惊人纪录。甚至2008年华尔街倒台后的全球金融危机也无法阻止其前进的步伐。尽管许多评论家将其归为经济问题，常问“为何中国经济会发展得如此迅速”之类的问题。对我来说，这是一个非常富有深意的问题，无法仅仅从经济学或者政治经济学的角度来分析。从教学法上来说，解释这个问题的最佳途径是首先从经济学的角度分析那些显性因素，当事实进一步证明这些不足以解释中国的飞速发展时，我们再从另一个角度研究那些隐性因素。不过，想要充分掌握这些隐性因素，甚至于为了阐释在某些问题上作跨国比较时我们就必须融入文化和历史的观点。

在阅览了相关文献后，我们可以大致列出通常被认为创造了中国经济奇迹的显性因素：

第一，由13亿人口支持的规模经济，为经济发展提供源源不断的劳动力。例如，当1978年人民公社制度结束，改革开放之初，约有186万农村人口涌入城市和工业中心。拥有了这一廉价劳动力的优势，中国在2010年成为了世界最大的加工厂，据一个叫HIS的咨商公司所提出的“全球观察”（于2011年3月14日发表）的报告显示，中国产品2010年占全球产品生产的19.8%。①

第二，利用了全球发展中“后发者”的优势。

第三，邓小平改革的时间正好抓住了越战结束后出现的稳定的国际环境的契机。

第四，邓小平提出的“韬光养晦”战略，避免与他国冲突，一心一意发展国内经济。

第五，百姓的高储蓄率。

第六，在加入世贸组织后被进一步加强的出口导向型经济。

第七，有效的政府干预，包括远见卓识的领导，健全的制度架构和相当高效、相对廉洁的官僚体系。②

老生常谈的人民币汇率“被压低”的问题并不在上述列表之内，原因有二：其一，尽管“被压低”的人民币使得中国产品在国际市场上更有竞争力从而推动了中国的出口，但是它在多大程度上提高了中国的生产力和效率却不得而知；其二，人民币汇率被压低是一个充满争议的话题，鉴于美国一直处于高位的贸易逆差且呈不断上升趋势，汇率问题一直是中美贸易对话中的热议问题。如果说中国巨大的外贸顺差是由于人民币被压低而造成的，

① 参见报道“China Edges Ahead of U.S. in Manufacturing”，源自http://www.huffingtonpost.com，2011年3月26日。

② 在支持此观点的许多学者中，尤其值得提及的是李稻葵和孔祥海。

那么鉴于美元是世界的主要流通货币，中国在与其他贸易伙伴的合作中也应该享有同样的贸易优势，但是事实并非如此，中国不仅没有普遍的汇率优势，而且在与亚洲国家，例如日本和东盟国家的贸易往来中还会偶尔出现贸易赤字（逆差）。

关于第七条“有效的政府干预”的因素已有讨论，在此我只想重申中国共产党在党－国结构中独一无二且不可复制的地位和作用。这可能也是为什么许多中国人，从学者到政府官员一再强调中国模式不可复制的原因，[①] 而且也解释了为什么他们一再强调只有“中国道路”，而不是中国模式。

关于中国是全球发展中“后发者”这个问题值得我们仔细推敲。1978 年邓小平提出改革开放之初，中国可以借鉴亚洲四小龙的成功经验及其所代表的发展型国家模式。事实上，发展型国家模式最早可追溯到 1868—1912 年间日本明治维新的改革经验。其中一个事例便是中国大陆向亚洲四小龙之一的中国台湾借鉴经济特区的开发经验。深圳，作为中国最早也是最成功的经济特区，几乎可以与早先作为特别发展区的高雄比拟。另外一个经验借鉴就是向外来（直接）投资开放中国市场。一位日本专家中肯地指出，经过几十年的改革，中国市场变得比韩国和日本更加开放。与乔舒亚·库珀·雷默的北京共识中的假设相反，中国作为国际发展中的“后发者”，它的成功并非依靠技术创新。在此问题上，我想作个小评，即：中国的经济改革似乎并没有一整套预设的目标和计划（所以邓小平说“要摸着石头过河”）。因此，

① 参见中国社会科学院转载的“Socialist Yellow Paper”，2011 年 3 月 1 日；原载于《侨报》（纽约），2011 年 2 月 3 日，B2 版。

经济是发展了，却付出了沉重的代价，譬如生态环境的破坏，即其一例。

在上述的列表中，除了第七条之外，其他所有要素都不是中国所独有的。事实上，其中许多因素都是其他国家所共有的，包括发达国家。例如，在世贸组织的153个成员国中，每一个都同等享有被中国授予的所有权益。就稳定的国际环境来说，这更不是中国所独有的。再说中国的高储蓄率，其他许多发展中国家都有类似的情况，如新加坡的储蓄率在几十年间一直维持在48%—50%，与中国50%的储蓄水平不相上下。所以问题就是，既然这些因素大家都共有，那为什么没有其他国家，包括发展中的和发达的，能像中国一样持续30多年的快速发展？而且为什么没有国家能像中国一样既抵挡住了2008年全球金融危机的影响又能维持自身的发展？据最新数据显示，中国经济2010年的实际增长率为9%（仅略低于之前估计的10.3%）。[①]与之相比，在金融危机后的同年，美国的经济增长率为3.1%，东亚国家为6.7%，南亚国家为5.5%，而全球总的发展水平仅为2.4%。[②]为了解答这一令人兴奋的迷惑，我们应从一些其他不明显的及隐性因素中去寻找答案。

① 参见"中国GDP——真正的增长率"，原载于http://www.indexmundi.com/china/gdp real growth rate.html，2011年3月26日。

② 参见联合国《世界经济和社会调查报告》，2010年。

五、在沉默中爆发能量的中国模式

对于毛泽东时代后的中国来说，有两个经验值得借鉴，一是需要极力避免的负面经验（“文化大革命”），而另一个则是应努力争取的正面经验，如中国台湾的经济“奇迹”。前者告诉每一个中国人，无论政府精英还是平民百姓，如果不从“文化大革命”的惨痛经历中彻底醒悟，那么中国将没有未来；而后者则激励国人如果中国台湾能够实现这样的经济腾飞，那么中国大陆也可以做到。不仅如此，如果大陆不能赶上台湾的发展水平，那么中国统一将永远只是个遥不可及的梦。[①]10年后，苏联的解体又给邓小平和他的追随者们敲响了警钟。为了避免像苏联一样瞬间解体，中国不能以其经济改革为代价进行“休克疗法”。另一个从苏联解体中获得的教训就是其错误地先从政治改革着手（如戈尔巴乔夫的“政府透明化改革”），所以中国在政治改革前应先着重开展经济改革。因此，经济成长优先于政治开放。

① 这一部分源于我与邓小平1987年那次六小时的会谈。我需要补充说明的是，这里不仅仅是GDP数量上的较量，更关乎社会秩序稳定与否的比较。

第二个非明显因素更接近于隐性因素，它们合力使中国成为世界经济的发动机。由于缺少更准确的术语表达，我们暂且将其称为“凤凰涅槃因素”（phoenix factor）。中国在第一次崛起的千年中，其GDP总量持续高于欧洲所有国家的总和，而在之后西方和日本的侵略中，中国则经历了一个半世纪的衰落。而现在，中国这只凤凰明显是要在无数失败和国家耻辱中涅槃重生。而一些非明显的要素则因为这长达一个半世纪的屈辱史在中国人的心中慢慢生根发芽。许多评论家把它归为“民族主义”，将其称为“自信的民族主义”，并与“悲愤的民族主义”相对比。尽管民族主义通常被认为是负面的易怒的情绪，但是它却是促进中国成功转型为经济强国的正面且自强的力量。大家只有在了解中国的文化背景后才能充分理解这一点。作为影响仅次于孔子的中国古代哲学家，老子的“祸福相倚”论贯穿了整个中国历史。《淮南子》是一本古书，收集了若干曾侍奉汉朝淮南王的道家学者的文章。这本书表达了道家“化悲愤为力量”的信念，认为这样才足以克服目前的困境而能再度奋起飞腾。

也许心理学家们可以解释这种从沉默中爆发的撼动世界的巨大能量究竟是如何产生的。在长达一个半世纪的屈辱史中，整个中国忍辱负重，等待复兴的到来，但是抗日战争结束后，中国又陷入内战，1949年之后，又在毛泽东时代经历了外交孤立，中国迟迟没有等来复兴的机会。直到邓小平吹响改革的号角，中国人的等待终于盼到了希望。来自全国各地的欢呼声淹没了所有反对的声音，即使是来自中国共产党的高层。在这之后，积压许久的爱国热情喷涌而出，鼓舞所有中国人民肩负起重建中国的历史使命中。其余的全是因这股热情汹涌力量所造成的结果，以弥补失去的时光。中国人民“化悲愤为力量”，将在“帝国主义”侵略时积压的愤怒转化为能够改写历史的建设性力量。需要补充说明的是，由于中国 19 世纪中叶的衰落主要是因为其经济在鸦片战争后遭遇了毁灭性的打击，所以中国在重新建设时首先要做的是恢复中国的经济实力。经济发展压倒了其他一切事务如政治自由、环境以及中国在海外的形象，而成为了中国建设规划中的当务之急。同时，早先的侵略中国的帝国主义势力（欧洲和日本）也悄然发生着变化，随着时间的迁移变得更加谦逊（像 1997 年后的英格兰）或是纠结于自身的衰退（如 1990 年后的日本）。

所以，中国今日的满腔热情都付与了经济建设，生怕重蹈历史的覆辙。然而经济发展也带来了许多问题，例如收入不平衡、城乡发展不平衡以及不断蔓延的腐败问题。值得注意的是，腐败是因经济发展而生，却也可能成为其进一步发展的阻碍力量。那些质疑中国的复兴是否会对美国经济造成威胁的人明显是忽略了刚才提到的那些非明显之因素。

六、中国模式成功了，但它与众不同

中国模式的成功有其“隐性因素”，是指那些不太容易被察觉的特质。但是我们能通过直觉或其产出的效应了解到它们的存在，就譬如我们看不见风，可是可以看到树枝因风吹而动。由于它们很难被具体描述，我们只能通过许多旁证来知道它们的存在。下文举的例子并不完整，它们只是说明我所想到的某些事实，包括中国工人的优秀品质，所有这些都可能造就了中国模式的与众不同。

（1）工人们不知疲倦且极其自律的工作精神。有两个原因导致了这一现象，第一，相较于其他民族，中国人平日就比较严肃而且较少崇尚享乐主义。这一特质深受文化以及长期处于农业经济中农民生活方式和习惯的影响。第二，尽管当代城市尤其是中国沿海地区的工业化的职位薪酬无法与国际水平相比，但是对于农村的农民来说仍是极大的诱惑。大部分在城市和工业中心工作的劳动力都是来自农村地区。就像第一代的美国移民努力工作谋生一样，这些来自农村的一亿五千万移民也勤奋刻苦地工作，许多人甚至还要省吃俭用把钱寄回老家。同时，与美国移民总是担心因触犯法律而被驱逐出境一样，这些来自农村的劳动力也常常担心因违反当地法规而被遣送回乡，所以他们严格遵守工厂的规范和纪律。而中国严格的户籍制度也增加了这些农民的心理负担，因为一旦被解雇，他们就一定会被遣返回乡，所以这也加强了中国文化原本就教导的刻苦工作和自律的精神。[①] 文化这个变数需要引起我们的重视，因为在印度和其他所有发展中国家，农村移民是司空见惯的事，但是为什么他们的表现没有产生出如同在中国这样的影响？

（2）吃苦耐劳的能力以及互相帮助的传统。在这一部分中，我要引述英文《中国梦》的作者王海伦造访北京一家名为“良子健身”的指压按摩会所的一段经历。[②] 这是一家发展迅速的会所，已经在市里开了 7 家分店。在与一位来自农村的按摩师的对话中，王海伦深受启发。那位自称 30 号技师的按摩师详细解释了自己的受训经历，解答了王海伦的好奇。他说，这家公司去他在河南的家乡招聘员工，并将他们送去接受一个月他所谓的“军训”。

“我们每天清早起床跑步运动，其余时间我们学习人体穴位、公司历史、企业文化以及团队合作。”

这家公司的老板名叫朱国凡，同样也是来自河南的一个贫民

---

① 我在此要感谢宋恩荣教授提供的关于这一点的见解，他是香港中文大学一位著名的经济学家。

② 故事原载于《福布斯》杂志，原标题为“While Americans Indulge in Over-consumption, Chinese Move Up by Enduring Hardship”，http://blogs.forbes.com/helenwang/wo11/02/16/endure-the-hardship-of hardships-become-the-man-above-men/ 。

家庭。13 岁时，他就开始摆摊卖烧烤。之后，他身兼多职包括卖鱼、做服装生意以及经营餐馆。1997 年，27 岁的他在河南开始经营他的足底按摩生意。他的生意迅速扩张并开了好几家分店。在意识到他需要专业知识来帮助他继续管理不断发展的生意时，他选择停业一年去进修高级工商管理硕士的课程。

朱国凡将现代管理经验与中国传统的家庭观念相结合。30 号技师说，“例如当员工无法回家过春节时，公司会举办大型的聚餐并给每个员工包一个新年奖金的大红包，以解大家的思乡之情”。他还说，“这里的员工生活得很开心，一些表现突出的则被提拔为经理，而且薪酬相应提高”。当被问及他是否也有意升为经理时，30 号技师回答说：“也许几年后我也要开始自己的生意。朱国凡鼓励我们自己创业，他说他会帮助我们，而且现在机会很多。”

王海伦好奇地继续追问道：“对于你来说，背井离乡一个人到像北京这样的大城市打工，是不是很辛苦？”30 号技师眼睛一亮，回答道：“吃得苦中苦，方为人上人。”这一回答听起来既熟悉又有些令人惊讶。惊讶的是王海伦本想听到一些员工对老板的抱怨和不满，但事实却相反。熟悉的是，这个答案就是一句中国的俗话，它教导年轻人如何面对生活中的磨难和挑战。

通过这个故事，我们可以得出三个结论：中国工人随时准备应对挫折；霍雷肖·阿尔及尔小说中有许多白手起家的故事，只不过在中国这是真实的事例；中国是一个互助的社会。

（3）天资聪明，学习能力强（可能拥有较高的智商）也是一个因素。近期于英国《财经时报》上刊登的两篇报道则能说明这一问题。其中一篇名为《为何中国学生的表现非凡》的报道，是关于经济合作与发展组织（OECD）对全球15岁在校学生的一次调查。调查轮流以数学、读写和科学为测试主题，强调学生的综合学习能力，例如在读写测试中会涉及理解力的内容。芬兰在2000、2003和2006年的调查中一直位列第一。但是在2010年关于读写能力的调查中，芬兰的地位被中国上海（代表中国）所取代，排在其后的是韩国（第二名）、中国香港（第四名）和新加坡（第五名）等亚洲其他国家和地区。这一结果驳斥了中国学生只会死记硬背的说法，证明他们在综合理解上也有突出的表现。

《财经时报》另外一个报道的标题十分抢眼，叫作《中国学生的英语水平比印度的好》。这是一家名为“教育第一”（Education First）的国际教育机构所做的调查，并在2011年3月30日发表了“世界上第一个比较不同国家成人英语能力的调查指数”。调查显示中国人实际上已经使印度人学习英语的比较优势消失。尽管数据显示中印两国在排位上不相上下，但是印度实际已经败下阵来，因为它已经丢掉了作为前英国殖民地拥有学习英语的巨大优势。调查结果并不在于说明语言学习能力本身，而是体现了中国学生在接触新事物甚至是外国事物时有较强的学习能力。如果将这一结论适用到中国工人身上，那么就意味着他们较其他发展中国家甚至是印度的工人有比较优势。

（4）其他一些隐性因素同样也有助于中国模式的运行。第一，中国古代具有国家干预个人生活的传统，这可以追溯到汉朝早期（公元前3世纪）国家对盐铁的垄断，而这一传统延伸到当代中国便成为了上文提到的宏观调控。在与西方文化的比较中，这种传统的优势在于扫除了国家与社会间发生摩擦和冲突的可能，实现了确保中国模式为“一条鞭”效应的先决条件。如此看来，这样重要的“一条鞭”（由上至下全部打通）的要素，并非出于一般想象的高压，第二，工人低收入的传统有孔子和老子的哲学思想作其精神后盾。低工资加上低税收导致较低的经营成本，使得中小型的私人企业更容易生存和发展。

（5）中国工人的蓬勃性。在此我用“蓬勃性”而非“生产率”，是因为我发现在其他国家没有明显的可与中国工人的生产率相比较的数据。这里说“明显”是因为在中国和其他工业国家中产品标价和工人工资标准的比例有很大差异，所以通过比较一个工人每小时产出的美元价值（通常比较工人生产率的方法）来衡量工人生产力的方法并不可靠。而通过比较工人每周工作时数的方法同样行不通。尽管亚洲（包括中国）工人通常都工作较长时间，但是每个工人每小时实际多产出的量却不得而知。而我在此用“蓬勃性”是想说明中国工人是用热情在更短的时间内完成工作的这一特质，虽然这并不一定表示工作质量之优越。

试举一例，据报道，中国长沙的建筑工人们在短短6天内建造完成了一栋15层楼的隔音隔热的宾馆。报道称，这栋建筑能抵御9级地震。宾馆通过部分预制的方法搭建而成，也就是说一组工人预先将房屋的各部分建造完毕，再由另一组工人将其组装起来。他们每天（轮班）工作，而且在工程中没有一个工人受伤。虽然我不能100%地确定这则报道的真实性，但是它大概说明了我所谓的中国工人的“蓬勃性”。缺少工会约束可能是其中一个原因，但是我并不认为这是仅有的或是最重要的因素。无论人们怎么解释，中国工人的工作蓬勃表现是大家有目共睹的，也不是在其他地方能够简单复制的。这也是另外一个导致中国模式不可复制的隐性因素。一些仔细观察中国工人的人会发现，尽管这些工人可能与其他人一样显得粗鲁且缺少文化，但是他们从总体来看确实高效而且心满意足。①

（6）节约习惯以及个人强烈的集体（甚至是国家）意识。这可从我一个亲身经历中看出。2010 年春我和太太在上海休假，我们住在一幢新住宅楼的 28 层，然而门外的电梯间由于只有一边灯亮所以时常显得昏暗。我们总会习惯地开启走廊另一边的灯，却发现它不久又被关掉了。几次之后我恰巧碰上一位清洁人员正在关灯，她还一边抱怨道："为什么这样浪费国家资源！"

这件事提醒我，中国人所谓的"节约"并不是纸上谈兵，而是每个个体都用实际行动在支持和落实国家节约资源的指导方针。同样，如果这也算是导致中国模式与众不同的要素之一，那么这的确不是其他各国所能见的常态，尤其不是在美国，而这也造成了中国模式的独一无二。

① 据报道，心有不满的工人们经常举行抗议示威，但是他们大部分都是针对地方政府。从全国层面上看，工人们对工作的满意度却出奇地高。根据一位美国学者的广泛调查显示，全国有 80% 的民众都支持共产党政权。

七、这是一次伟大的改革，潜藏了矛盾

中国模式中存在几个“悖论现象”，具体是指：某些可能会延缓甚至是阻止中国经济发展的情况，在现实中却没有发生；仔细观察中国的发展，会得出我们通常的假设和印象有所出入的结论；一些普遍现象，包括改革带来的意料之外的不利结果，亟待意识形态和政策的调整。

第一，就中国的国土面积而言，中国并没有足够的自然资源来支持其无限、高速的经济发展。几个例子就能充分说明这一问题。中国的可耕土地面积仅占世界总量的7%，但是人口（13亿）却占世界的21%。中国的领土面积为960万平方公里，仅次于俄罗斯和加拿大。但是这其中只有12%是适合耕种的。一些重要的资源，如石油、天然气、铜和金，中国的储量都不足。尽管中国煤矿资源丰富，却缺乏比煤优质的能源储备。虽然中国的草原面积位列世界第三，但是其中大部分处于干旱或半干旱或高海拔地区，草地的质量和每平方单位的放牧能力都不高。一些矿产资源被深埋在地下或是与其他矿物混合，加大了开采和冶炼的

难度和成本。近年来，水资源短缺成了新问题，甚至黄河都出现了大范围的断流情况。目前，中国在非洲、澳洲、拉丁美洲和其他地方都有许多投资，以开发新型能源及其他资源。然而，中国依赖外来资源的现实，究竟还能使中国模式的奇迹持续多久还不得而知。从人均角度来看，资源不足的问题显得更加严重。中国人均森林面积少于世界平均水平的六分之一，人均水资源不足三分之一，而人均草地面积则不到一半。随着生产力的发展和人民生活水平的提高，人们消费的资源越来越多，愈发体现了中国自然资源的不足。经济的高速发展导致了资源消耗率的增长快于人口上升的速度。

自 1993 年起，中国就成为了石油净进口国，仅在 16 年间，中国石油的海外进口量就从 6% 上升为超过 50%。在运输和化工制造方面对石油需求的不断增加导致了更大的石油进口的压力。任何限制石油使用的努力，尽管已经提出了很多年，都会造成经济发展的停滞。

中国在资源短缺的情况下还能维持现在持续的高增长的发展，其本身就是一个矛盾。但是中国的继续发展会带来更严重的资源短缺问题，最终不可避免地会导致经济发展的减缓。简单来说，最初的成功如果导致日后的衰退，将又是一个矛盾。中国有限的自然资源与持续的高增长，这个矛盾，一直根植于中国模式之中。

第二，如一位受过美国教育的中国学者潘维指出，由国有企业组成的公共部门是发展由中小型企业组成的非公有部门的必要条件。如果没有公共部门和大型国有企业上缴的税收，就不会有国家的财政系统和国家的战略研究以及国家宏观调控的政策环境，也就不会有非公有部门的蓬勃发展。换句话说，大型国有企业承担了私人中小型企业赖以生存的基础建设的主要维护成本。不仅如此，潘维还补充道，这些国有企业还承担了在国际市场上与外国（西方和日本）集团竞争稀有资源的冲击。

如果上述观点属实，那么它便与西方媒体报道的和许多学者所认为的背道而驰，因为在他们看来是中国的非公有企业支撑着公有部门并创造了中国的经济奇迹。这个问题又引来了另一个疑问：与公有部门相比，中国的非公有部门到底有多大？仅从数字上看，中小企业的确占据了中国经济的半壁江山还多。据潘维统计，在国家工商局注册登记的企业中 99% 都是中小型的私人公司。不过，若是考虑到他们在总产出中所占的比例，那么情况就变得非常复杂。黄亚生发现，外国学者统计的非公有部门工业产出比例的数字与国家统计局提供的数据间有很大差距。而这一差异明显是由于对非公有部门的不同定义所造成的。综合两种不同的定义（分别来自“经济合作与发展组织”和广东省统计手册），黄亚生发现本土的非公有部门在 1998 年的工业产出值占总量的 6.9%，而 2003 年则上升为 10.2%。到 2005 年，本土私有部门产出的工业附加值占全部的 22%。由此观之，黄亚生总结认为“本土私有部门的繁荣发展是近期才发生的”。

请容我在此作两点评论：黄亚生注意到，如果仅用“经济合作与发展组织”的统计方法（将外商投资企业也包含在中国的“私有部门”中），那么 2005 年非公有部门的工业产出就占全国的 71.2%，这与之前提到的 22% 有巨大反差。从这点看，我们便可解答为什么许多（西方）评论家经常将非公有部门（即私有企业）视为中国经济的中流砥柱；从经验上讲，潘维提出的公共部门支持非公有部门的主张与黄亚生（通过分离外商投资企业和本土私人企业来定义中国私有部门）得出的结论是一致的。此外，各方一致认同，中国在2001年进入世贸组织后才开始引来大量的外商投资，而本土的私人公司则在1978年改革之初便已出现。所以潘维认为的公有部门是中小型企业繁荣发展的必要条件这一观点在实际上是成立的。

第三，前面我们已经提及在邓小平“自上而下”的改革中，他一直将意识形态放在第一位，并以建设有中国特色的“社会主义”为其改革正名。他说，社会主义的最大优势就是不会造成财富分配的两极化。中国共产党所支持的意识形态也为改革提供了源源不断的动力。然而随着改革的深入，一种逐渐兴起的物质文化开始动摇社会主义意识形态对于社会的影响。面对变化的现实与共产党传统的意识形态间不断扩大的距离，党内领导人发现中国需要一种新的超越物质层面的社会共识。2006年，时任中共中央总书记的胡锦涛提出了建设“和谐社会”的目标，开始了在新的发展形势下追求社会公平正义的新征程。[1]建设“和谐社会”并不旨在取代新生的物质文化，而是起到相辅相成的作用。

胡锦涛的“和谐社会”是继江泽民2000年提出的“三个代表”理论之后党内的又一指导方针。两者都说明共产党已经意识到，在如今经济高速发展、社会面临转型的时期，党中央必须寻

① 胡锦涛关于“建设社会主义和谐社会”的倡议被写入了第十六届中央委员会第六次全会的决议（2006年10月11日）。

找新的具有建设性的倡议来指导发展。江泽民的“三个代表”重要思想是党中央新提出的三个合法性基础，它们是：中国共产党要始终代表先进社会生产力的发展要求；先进文化的前进方向；最广大人民的根本利益。[①]换句话说，毛泽东的“新民主”提出的是中国共产党代表着无产阶级（工人和农民），而新要求则提出共产党代表所有阶级，包括中国发展市场化社会主义中产生的（新兴）资本家。

然而，胡锦涛的讲话不仅是又一次更新党的合法性基础，他还有更多的考量。20世纪90年代早期，中国开始出现因财富的分配不均而导致的收入差距，这一情况在2001年末中国加入世贸组织后更加严重。据一份报道统计，截至2006年，150万的人口（不到全国0.012%的人口）控制了全国70%的财富（约一万三千亿美元）。[②]2004年，中国的基尼系数达到0.561，距离0.6的警戒线仅一步之遥，而据经济学家定义，如果基尼系数达到0.6，就意味着社会将有动乱的爆发。胡锦涛是在2002年当选党中央总书记后注意到这一问题。例如，2005年初的股市下挫导致了中上层阶级的抗议不满。股市上的失意由于一些企业幕后的违法操作而成为了一个敏感话题。劳动力市场流动的加速同样打破了传统的社会结构，从而增加了不同社会团体间的摩擦。一种新的“抗议文化”似乎由此而生。社会的不满情绪不仅仅在于个体间的收入不平衡，更包括城乡和工农业间的巨大落差。另外，个别地方政府圈占土地与拆毁民宅以便开发商兴建高楼，也

① 参见《人民日报》，11/2/2000，第3页。

② 参见《世界日报》（纽约），10/18/2006，C—1版。

惹来民间抗议。相较而言，如今的不满情绪范围更广，面临的问题也更多。更重要的是，随着物质文化的兴起和昔日革命精神的衰退，腐败现象也呈高发态势，而且从地方层面一直蔓延到政府的高层。[①]

胡锦涛关于建设社会主义“和谐社会”的讲话公开承认了市场化改革带来了严重的社会冲突、不稳定和社会的不公正。在邓小平留给后人的关于其改革的“八点警告”中，有两点是有关社会公平正义的：收入分配（对于新创造的财富）必须公平，让所有中国人都能平等享受改革的成果；要阻止改革的结果出现“两极化”（例如极端的贫富差距）。对于邓小平来说，如果“两极化”出现，那么就会导致社会动乱，也就意味着改革的“失败”。之所以称之为“失败”，是因为它与邓小平所坚信的社会主义将创造更公平的财富分配的理念背道而驰。因此，一次伟大改革的结果如果被其总设计师称为“失败”的话，那么这本身就是一个“矛盾”，正好契合了本节讨论的主题。

---

① 2011年3月14日的记者招待会上，温家宝公开承认当下民众不满情绪的最主要来源就是官员腐败。

八、中国模式的未来

中国模式所创造的经济奇迹究竟还能持续多久？鉴于中国的经济自改革之初便持续增长了30多年，这的确是一个值得深思的问题。要回答这一问题，取决于两个条件：第一，前面所说的那些隐性因素是否能在经济发展产生的物质文化的洪流中继续生存。第二，中国政府如何处理近些年开始显现的劳动力市场的严重萎缩，对于中国来说，这是一个意想不到的问题。

早先已经提到过，中国模式的成功靠的不仅仅是制度建设和其显性因素，而更重要的是那些隐性和非明显因素的配合和支持。可以肯定地说，几乎所有的非显性因素都是无法自我复制的，而这些隐性因素能否在经济发展所造成的社会变迁中继续发挥作用也不得而知。而其中最重要的变化莫过于物质文化的兴起及其对艰苦朴素、吃苦耐劳的精神的影响。正如权势会令人腐败，暴发的财富也是如此。在收入分配不均产生的众多副作用之中，最突出的就是“人们不断上涨的期望”导致了相对剥削感的增加。现在人们讨论的不是大家的整个生活水平是否比以前好，而是为什么“他们”比“我们”更好以及诸如此类的问题。

对物质的欲望再加上相对剥削感，使得人们时时刻刻都在和“张三李四”作比较，于是形成了巨大的要求上涨工资的舆论压力。有报道称，北京的工人协会正对外资控股企业施压，要求将最低工资标准至少上升到现在水平的150%。如果这一要求被政府批准，那么外资公司就必须给当地员工多付50%的工资。[①]这甚至超过了2010年报道的沿海地区工资上涨40%的水平。

也许更令人担忧的应该是劳动力短缺问题。曾经一度被认为的“中国的廉价劳动力取之不竭”的观点不再属实。正如《彭博新闻周刊》所报道，无论是中国南方的纺织厂和玩具制造厂，还是位于北京、上海的大型企业和研究所，都面临着同样的问题，就是很难找到和留住令人满意的员工。约有50%的低技术型工厂相继倒闭。在广东省，约有250万的职位空缺，而在其他省市也同样存在劳动力短缺的问题。劳动力市场的问题不仅仅在于数量，还包括质量。在高达8亿的劳动力中，拥有称职资历的人数相对较少。除了通过高薪留住员工，企业还必须不断改善工作环境和整体福利。例如，提供简单的8人一室的宿舍已经远远不够，而且雇主们也不能再奢望员工可以每天12小时、全年无休地工作。

在改革之初，邓小平的支持者认为只要将“社会利益”这块“饼”做大，就能解决中国的所有问题。30年后，这块“饼”已经大到了惊人的地步（就GDP而言），但是人们发现，新老问题接踵而至。一位香港作家写道，中国领导人在2012年中共

① 参见《世界日报》（纽约），4/5/2011，D3版。

十八大上努力寻求新的共识，以期解决上文提到的两大问题。在2011年中央党校召开的一次省级干部会议上，时任中共中央总书记的胡锦涛毫不隐讳地提到了加快调整中国“社会基础建设”的需求以适应高速的经济发展带来的变化和影响。他号召在执政思维与方式上有所创新，而在经济建构上应有新的共识。[①] 在此与我们讨论相关的是中国模式正面临着进一步的微调和调整阶段。因此，“中国道路”作为没有终点的旅程也许比中国模式更适合用来描述中国经济发展所取得的成就，因为“中国道路”这个观念，比较更有伸缩性。

总的来说，中国模式的未来决定于中国领导人解决一系列新老问题的能力，这些问题包括城乡（地区间）发展不平衡、收入分配不公正、环境污染、严重的社会老龄化、新生劳动力的短缺、物质文化对工人们自律和吃苦耐劳精神的侵蚀，等等。这些问题中的大部分都不是纯粹的经济问题，它们需要综合的社会政治层面的解决方案。不过值得欣喜的是，从胡锦涛的一次讲话可以看出，中国领导人似乎已经充分意识到了这个问题，并正积极商议解决这些问题的新对策。

我必须说明的是，虽然胡锦涛提出了对于新共识的探索，但这并不代表如西方评论的“邓小平时代的终结”。这一“新共识”同样也是中共对2008年华尔街全球金融危机的挑战所做的回应。在全球市场萎缩的情况下，中国正面临着必要的转型，从之前的出口导向转为同时扩大国内需求。这一转型其实已经酝酿了很久，

① 详见宋龟年的文章，2011年。“中国进入经济社会结构调整期”，《镜报》，第405期（四月）。

只是这次的全球大萧条给了它成形的契机。当这一转型完成之后，中国庞大的国内市场（13亿消费者）将补充世界市场的不足而承担中国不断扩大商品的产出。这次转型将使“中国道路”迈向一个新的阶段，而我们之前所讨论的中国模式则更像一个前奏，或者说是一段影像中的一幅画面。转型的结果其实可以视作邓小平改革的自然延伸。

对于我们之前提出的“中国经济还能持续发展多久”的问题，这里还有最后一种解释，那就是这个问题本身可能就存在错误，因为中国模式从来就不是静止的，更不是仅仅由许多制度和规范建构而成一种不变的框架。更确切地说应该是：中国道路何时会出现另一个转型？如果仔细推敲这一问题，它同样也存在不切实际的想法，因为一般旅途转折的意思是要将以前的过程舍弃，甚至抛弃以往的作法。然而，“中国道路”是一个不断积累的过程，就算是转型也是指走向一个更高的平台，并非将以前的成就抛弃。

进一步想，虽然旅途是没有终点的，那么它能一直保持同样的速度和质量吗？这又是另一个问题了。如果我们能对比日本的经验并得出一些不会过分简单的结论的话，我们就会发现日本的武士道精神为明治维新的成功和二战后的迅速恢复提供了强大的精神动力。它奇迹般地推动了二战后日本的经济复苏，使其在战败后的短短40年间跻身于世界经济强国之列。然而20世纪70年代后，随着文化个人主义的兴起（受到美国的鼓励）以及全球化的影响，日本的武士道精神开始消退，年轻的一代不再愿意为大我而牺牲小我的利益，而事实也证明日本人无力重振于1990

年后开始衰退的经济。同理，自中国革命至邓小平实施改革开放政策以来，共产党所一直倚赖的人民热情也不像改革之初那么高涨。正如先前提到的一样，一种新生的物质文化正逐步取代以前的勤俭节约和吃苦耐劳的精神。后者则是被中国百年受压迫的屈辱史所激励产生的爱国民族主义精神的体现。中国模式的未来很大程度上将取决于中国共产党能否成功控制和调整新生的物质文化，能否在没有先前革命精神的作用之下同样延续其辉煌。

值得重申的是，近年来在西方广为流传的中国模式，无论是出于嘲笑还是赞赏，其中的许多重要因素不仅是独一无二的，更是与中国特有的社会政治体系、历史和内在文化紧密联系在一起的。所以中国模式并不是要与西方的自由发展模式竞争，成为第三世界国家争相模仿的对象。中国模式并不是一种为一心追求经济快速发展的国家所准备的现成样本。这也是为什么中国人并不承认所谓的试验性的“中国模式”，而他们也不相信这种模式（甚至“中国道路”）能“出口”到其他国家。

邓小平改革的成功，很重要的原因在于共产党领导人个个一心为国效力，此外，他们能够充分了解市场信息并广泛咨询经济学家、企业家和消费者的综合意见。我们上面所提到的中国第 12 个五年计划复杂的决策过程便是一个生动的例子。更重要的是，中国的民众能够接受党的领导人作为当代“明君”和柏拉图笔下的“智慧王”拥有超凡的地位，并能尽其最大努力发挥其智慧。这也是纳粹社会主义和苏联社会主义正如米塞斯和哈耶克所预料纷纷失败，而邓小平的“中国特色社会主义”却一直繁荣至今的原因。

如果整个社会（系统）开始感觉到腐败的威胁，那正说明改革所创造的巨大的新财富已经造成了物质文化的兴起。而此时政权就必须重新平衡社会结构，控制这一新生的不良现象。诚如老子所言，“祸兮福之所倚”。公平来说，既然中国模式很好地诠释了“国家－市场的互动模式”，它就应该被纳入主流的经济学家评论之语言中。它对于社会发展模式的贡献在于：中国模式提供了另一种发展途径的选择，尽管它的可重复性非常不确定。中国模式的功用在于，用其自身不完美的发展轨迹告诉世界，中国是如何运用党－国制度的优势和智慧一步步艰难地平衡着政府与市场的关系。运用比较学的术语，中国模式是通过主动建构而非任其自然进化的途径形成的。而中国在协调政府指导与市场效率的关系时遇到的这些棘手的问题，至少可以在发达国家重新制定公共政策或研究稳健的政治经济时提供借鉴。由于中国模式的不可复制性及其对于新共识的不断探索，它并不意味着未来世界的发展就是不自由的和以国家为中心的。其实，中国的“国家－市场交互模式”的真正意义，在于它为古典自由主义应当作的修正指明了方向，使其更加明确平衡政府和市场角色的重要性。当人们找到了“脱缰的”市场与“守夜人”政府之间的平衡时，古典自由主义便获得了重生。

第七章

中国复兴是文明大国的复兴

所有这些新兴势力都是第一次崛起。不同的是，不仅中国当下的复兴不是第一次崛起，就算中国在第一次崛起时，其国际表现也与上述国家截然不同。尽管我们不清楚要怎样衡量这种差异，可是有一点我们可以肯定，就是一般的印象认为第一次新兴国家一定是侵略欺负别国的，至少从中国第一次崛起的例子来看，可证明它是不能成立的。可以肯定的是，中国在第一次崛起时并没有像之前提到的那些国家一样带有侵略性。

中国于公元713—1820年间第一次崛起时，其GDP总量一直遥遥领先于整个欧洲的GDP总和。证据显示，中国在11世纪和13世纪的时候便有了大规模和机械性的生产，而英国在5个世纪后的工业革命中才逐渐形成。中国不仅是传统的内陆国家，郑和七下西洋的探险也显示出了中国强大的海上力量。最近经一些外国学者的研究发现，当时中国的“朝贡体系”内已经存在了跨洲的贸易往来（尤其是13世纪后），而且贸易关系一直延伸到欧亚—非洲的市场体系。而中国自20世纪80年代后的崛起，则代表着中国正走向复兴。但是，鉴于威斯特伐利亚体系中并无这样复兴的先例，国际社会对于中国复兴后将如何表现无法知晓。也许正因为如此，大众社会甚至是资深的国际关系专家对于中国复兴后在西方形成所谓的“中国威胁论”，甚少有深入的研究。①

① 约瑟夫·奈也许是迄今为止据我所知的唯一一位承认中国辉煌历史的国际关系专家，他认为：“从公元500年到1500年，中国无论在科技领域还是经济实力，都领先于世界（尽管没有造成全球影响）。”虽然他提到的中国第一次崛起的时间与我们的（公元713—1820）有所出入，而且他衡量中国“全球影响”的标准明显与我们的不同（也许他未考虑中国的军事力量），但是他将中国现今的发展（邓小平改革之后）称为中国的“复兴”是十分正确的。

一、“中国威胁”论，实质是惧怕“中国复兴”论

自 1949 年中国共产党执政以来，世界上许多国家（尤其是美国）都对中国心存疑虑，因为当时的中华人民共和国被认为是“苏联共产帝国”的延伸，直接威胁着世界和平以及美国在亚洲的利益。尽管中苏间早在 1957 年就开始出现嫌隙，但是直到 1969 年 3 月两国在黑龙江上的珍宝岛展开了一场热战后，华盛顿方面才真正相信中苏关系破裂的真实性。直到那时中国才被美国视为敌人的敌人，所以才有可能成为华盛顿的潜在盟友，以共同对抗苏联。四个月以后（1969 年 7 月），美国发表的“尼克松主义”改变了美国的对华政策，使中国从原来的地区威胁被重新定义为（战略）盟友。虽然“水门事件”的干扰延迟了中美外交关系的正常化，但这并没有影响“中国牌”在美国制衡苏联威胁中的战略价值，由此便形成了“三角战略联盟”关系。但是，随着冷战的结束和苏联的解体，中国逐渐失去了对美国全球计划的战略意义，焦点也开始转向新的“中国威胁”。

1995 年夏，台湾地区领导人李登辉在访美期间，向其母校康

奈尔大学捐赠 4 亿美元并发表了极具蔑视性的讲话，这一言论激怒了中国政府。虽然美国政府在给李登辉签发访美签证时的条件是他在访美期间须保持缄默，但是他在母校的讲话中却猛烈抨击了“中国的专制政权和收复台湾的野心”，这对中国政府来说是难以容忍的。次年春天，当中国台湾第一次因“宪法修改”后举行直选时（异于之前通过“国民大会”的间接选举），北京方面升级了自前一年夏天开始的针对台湾海峡的“导弹测试”，将导弹排布在距离台湾海岸 12 英里的水域爆炸，试图阻止李登辉的连任。李登辉真正的过错是其支持“台独合法化”，藐视北京方面所一直坚持且认为是神圣不可侵犯的“一个中国原则”。

在美国参议院通过了表达“国会意愿”（不具约束性）的决议后，克林顿总统立即命令两艘航母前往台湾海峡，以示美国在台湾面临中国大陆威胁时对其的支持。这一行为几乎导致了中美海军间的擦枪走火。最后，因为美国“独立号”航母（最早出现在台湾海峡的航母之一）及其 17 艘护航舰急速撤离台湾海峡，才避免了一场战争。[①] 这一场差点爆发的战争不仅制造了冷战后少见的危机氛围，似乎也印证了时任《纽约时报》驻东京办事处主任、一向谨慎的纪思道关于“真正的中国威胁”的一篇辛辣评论（《纽约时报》周日期刊，8/27/1996）。评论指出，真正的威胁并不是中国的共产主义，也不是贸易，而是“不断高涨的民族主义所造成的军事扩张”。他的评论呼应了早先《经济学人》杂志提出的实质性观点，认为中国自 1995 年夏天开始在台湾海峡部署的“导弹测试”显示了中共的一项行动需要遏制。

---

① 关于此处历史的部分文献，可以参考 Joe Barnes 的论著。

1996 年中美间濒临战争的冲突不仅影响深远，还加深了人们对“中国威胁”的恐惧。事后，克林顿总统立刻下令重新审核美国对华政策。审核后决定美国将对中国进行全面接触。这个政策在他 1997 年宣誓就职第二任总统后立即发布。这一动议引起了来自“蓝营”强烈的一致反对。这些人中包括国会议员、国会山庄成员、已退休的情报官员、智库专家、保守派的专栏作家以及一批观察中国问题的学者。他们合力警告说，中国的军队建设将会很快对美国利益造成威胁。在这群人中，有一位叫作比尔·格茨，他是《华盛顿日报》负责国家安全部分的记者。他在 1999 年出版的名为《背叛：看克林顿政府是如何破坏美国安全》的畅销书中，严肃指责了克林顿的“背叛”行为。他写道：“自 1993 年上台以来，克林顿政府不顾中国不断增强的政治和军事实力的威胁，还以牺牲美国的国土安全为代价发展同中国的贸易往来。”他于 2000 年 11 月美国总统选举前一周出版的第二本名为《中国威胁》的书中，还分析了中国的导弹转移等问题，并将其称为中国为控制巴拿马运河所作出的安排。

1998 年发生在美国洛斯阿拉莫斯国家实验室的李文和事件更是对中国窃取美国核武器机密的无端指控。尽管案件最后不了了之，但广泛的媒体渲染加重了人们对于中国威胁的恐惧，也引起了一些国会议员的注意。经过媒体的大肆宣传，这一恐惧已不仅仅局限于华盛顿的“蓝营”。美国记者理查德·伯恩斯坦及其加拿大同事罗斯·蒙罗合著的名为《与中国冲突的来临》的书中预言，美国和中国将会爆发一场战争。他们认为，中国的威胁有别于来自欧盟和日本的挑战，欧盟的威胁只是经济上的，而日本在与美国发生冲突时则会选择妥协，因为日本需要美国的安全保护及其市场资源，但是中国的威胁是多方面的，包括经济、政治、军事甚至文化层面。

鉴于中国与美国在文化传统、生活方式和价值观上都相差甚远，两位作者一致认为，中国谋求在亚洲称霸的目标严重损害了美国的亚太战略，即防止任何一个亚洲国家拥有具有压倒性优势的实力和权力。正因为这一策略，美国于 20 世纪在亚太地区卷入了三场战争。除了台湾问题，伯恩斯坦和蒙罗还注意到，中国与中亚和北非的伊斯兰联系使得本已复杂的中美关系更加棘手。在中亚、北非和亚太地区，中国显然已经成为焦点（核心）国家，这些地区中的许多国家与美国关系不和甚至敌对，还有很多与中国一样经历过长时间被西方列强控制的痛苦。因此，两位作者得出结论，正在复兴的中国与作为世界权力政治卫冕冠军的美国之间将有一场不可避免的战争。

最后一点实际上是支持亨廷顿在其巨著《文明的冲突》中提到的中心论点：人类今后的冲突将是文化性的；西方文明最重要的对手是伊斯兰和亚洲文化（亨廷顿称为“儒家文化”）。亨廷顿总结说，伊斯兰文明和儒家文化将携手挑战西方价值和权威。在我看来，很少有人仔细研究过亨廷顿提出的两个前提及其与结论的逻辑关系。同样，亨廷顿指出的伊斯兰文明和儒家文化（兼指中国及其对手日本）将相互联合的逻辑原因也不得而知。也许，伯恩斯坦和蒙罗支持这一观点并将其应用到他们关于中美间未来冲突的预言的原因，仅仅在于他们需要从文化角度分析“中国威胁”。

进入 21 世纪之后，“中国威胁论”又多了一层地缘经济的含义。关于中国1979年后（邓小平启动改革）经济飞速发展的报道不断涌现于平面和电子媒体、学术界专著以及政府报告中。《经济学人》在1994年10月1日出版的期刊中援引世界银行的数据并预测，到2050年，发达工业国家的总产值仅占全球经济总量的36%，而发展中国家的贡献将达到63%。其中最惊人的预测就是，到2050年，中国将成为世界第一大经济体。而这一预测还比“经济合作与发展组织”的评估晚了30年，后者估计中国的GDP总量将在2020年跃居世界第一。[①] 由美国中央情报局领导的国家情报委员会（NIC，2005）在参与了30场会议，咨询了五大洲的1000名非政府专家后得出了与“经济合作与发展组织”类似的结论。在国家情报委员会提供的报告中指出，到2020年，亚洲将成为世界经济的发动机，而中国和印度将成为“主要动力”，但是报告对中国经济做出了更加实际的评估，认为到2020年，中国的GDP将超过除美国之外的其他任何西方国家。而高盛集团则将这个日期提前到2017年。如果说所有这些预测都提出了同一个问题，即中国是否会造成地缘经济威胁，那么一份国会研究处（CRS，2007）提供的报告则正好解答了这一问题。

报告一开始便提到了中国横跨28年（1979—2007）的高速发展，并将之称为“当代最成功的经济发展案例之一”。在列举了一些数据后，报告继续写道：“在一些统计中，中国已经成为世界第二大经济体，而且它将在10年内跃居世界第一。”随后，报告在回答了上述问题时（中国是否会成为经济威胁）依然保持了一贯的中立风格，然后很有技巧地说：“一些人推测中国将在

① 参见《侨报》（纽约）报道，9/11/1999，第2版。

几年内取代美国拥有世界最大的贸易经济，并在20年内成为世界最大的经济体。如果这一推测属实，中国的发展将意味着美国的衰弱。”

尽管报告中没有清楚说明中国是否是经济威胁，但是2005年国会否决的一项谈判协议便已经给出了明确答案。在协议中，国有控股的中国海洋石油公司（CNOOC）要求收购坐落在加州的美国第八大石油公司的UNOCAL，出价185亿美元，高出之前雪佛龙公司提出的164亿美元的竞标价。但是由于国会以保护《经济学人》所谓的“美国国家安全”为由不断推迟交易，中国海洋石油公司最终只能退出竞标。《纽约时报》的一篇社论（8/4/2005）写道，这只是国会中反华势力的一次可悲的胜利，因为结果将使“不断壮大的中国成为激进的对手而非潜在的全球竞争者”；而且它依然无法阻止石油紧缺的中国转向伊朗、苏丹和缅甸市场寻找新的机会。在此看来，国会的否决，明显地体现了美国对中国复兴可能形成的经济威胁感到不安。

除了地缘政治的考量，“中国威胁论”现在又被加入了地缘经济的因素。我们注意到，尽管在美国国家情报委员会2005年的报告中，印度与中国一起被视为2020年美国的两大主要竞争对手，但是只有中国引起了大家的恐慌。事实上，美国小布什总统在2001年已取消了自1998年因印度进行核试验而对其实施的经济和军事制裁。再者，布什政府在2007年与印度一起参加了由5国组成的在印度附近水域举行的军事演习，这是该地区历史上最大的军演，也被认为是美国试图建立“亚洲的北约”以制约中国的举动。[①] 这一亲印度的倾向一直延续到奥巴马政府。在

① 此事原载于中文媒体《侨报》（纽约），9/5/2007，第3版。

2010年奥巴马出访新德里期间，他将美印关系称为“21世纪具有决定性意义的伙伴关系”，因为两个国家是“自然的盟友”。在次年希拉里·克林顿访印期间，她敦促印度积极参与亚洲事务并重申了奥巴马总统对印度成为联合国安理会常任理事国的支持。很明显，美国对印度和中国崛起的态度迥异，原因就在于前者是公认的民主国家而后者则是共产党领导的国家。如果这一情况属实，那么不可否认的是，“中国威胁论”既有地缘政治（如意识形态）又有地缘经济的因素。

一项运用“权力转换”理论来研究经济日益强大的中国在政治上的潜在影响的论著，证实了美国的这两大关切。这项研究由已故大师奥根斯基的同事和属下共同完成，并由罗纳德·塔曼等人编辑成册。研究预测到2025年中国将在经济产量上首先超越美国，而到21世纪中叶则将全面超过美国（包括军事实力）。有了这一科学预测作为依据，“中国威胁论”就更加甚嚣尘上了。①

在2008年华尔街倒塌产生的全球金融海啸后，美国许多国会议员以及一些学者和媒体都强烈认为中国政府干预汇率市场，刻意压低人民币币值。尽管中国极力否认，但这一指控又在经济上刺激了西方社会，进一步加深了其对于“中国威胁”的恐惧。②

① 马丁·雅克的著作应该引起人们的重视，该书于2007年完成，并有一个非常危言耸听的书名（《当中国统治世界》）。在书中，作者重复提到了此处的观点，即中国经济将在2027年超越美国，而到2050年将是美国经济总量的两倍。

② 在“Coping with China’s Financial Power”一文中(Foreign Affairs, vol. 89, no. 4, 2010年，第2—9页)，肯·米勒从不同角度分析了中国的“金融实力”，他主要参考了中国的外贸补助以及24亿美元的外汇储备（截至2009年底），而中国人民银行也因此成为世界上外汇储备最高的央行。

二、中国的再次崛起能是“和平”的吗

知识论是哲学的一个分支，讨论关于“什么是知识”（与信仰和意识形态不同），“如何获取知识”以及“知识的真实性”（包括我们的分析、解释以及事实信息的依据）等问题。如上文中的预测则是基于已获得的统计信息的推测。人们可以质疑推测中使用的方法，但是这些预测绝非信仰或空想。在一些西方学者看来，学术界基于这些预测得出的“中国威胁”的结论也不是空穴来风。它们值得被认真对待。所以现在的问题就是：既然分析是对事实的解释，那么那些得出“中国威胁论”的分析家们所持有的“背景假设”又是什么？据阿尔文·古尔德纳解释，“背景假设”实际寓于理论本身的假设。它们自始至终地影响着理论的成型并引导着使用这一理论的研究人员。

如果仔细观察，我们就会发现那些总结出“中国是一个威胁”的分析家的背景假设其实是出于他们对于国际间权力没有均衡的恐惧。对于一些西方学者来说，国际间无论是谁拥有未受到均衡的权力，都对其他国家造成威胁。这一主题在肯尼斯·华尔

兹等人的努力下得到了很好的发展。肯尼斯·华尔兹是公认的新现实主义（结构现实主义）的代表，其理论在半个多世纪的时间中对国际关系领域产生了重大影响。尽管现实主义的传统最早可以追溯至修昔底德和霍布斯，但是当代现实主义的兴起则开始于第二次世界大战之后。纳粹对于征服世界、称霸全球的野心使得国际法和国际组织的有效性遭到挑战，因此使许多国际关系专业的学生了解到绝对霸权的危害，以及世界政治中对于权力平衡的需求。

关于权力不平衡将危害所有国家的假设，最终在威斯特伐利亚会议（1648）后的国际关系史中得到了验证。这次会议揭开了现代多元国家体系的序幕。之后每一个崛起的国家都被证明是具有扩张性和侵略性的，举例如下：

工业革命后的英国——建立了一个“日不落大帝国”（直到1997年）。

拿破仑时代的法国（法国大革命之后）——使整个欧洲大陆卷入20年的战争（1796—1815）。

明治维新后成为现代强国的日本——分别于19世纪（1894—1895）和20世纪（1931—1945）走向侵略亚洲大陆的军国主义道路。

俾斯麦改革后的德国——在掌握了现代武器技术后发动了人类历史上最残酷的两次世界大战（1914—1918；1939—1945）。

斯大林统治以来的苏联——引起了40多年的冷战（1947—1990）。

二战胜利后的美国——成为了自封的“世界警察”。例如，美国的老布什总统派军前往主权国家巴拿马（1989）并强行将其总统曼努埃尔 · 诺列加押回美国受审，被判入狱 105 年。而小布什总统则分别在 2002 和 2003 年发动了对阿富汗和伊拉克的战争（奥巴马总统被授予诺贝尔和平奖似乎只是出于其未发动战争的考量）。

由于上述的事例，国际关系的现实主义学者得出结论，在不平衡的权力关系中，无论谁占优势，都会引起地缘政治的混乱，因此就是一种威胁。所以坚信现实主义的国际关系理论的人就会无端质疑，中国的崛起能是“和平”的吗?

三、中国的崛起从未带有侵略性

如果我们仔细研究上文中列举的例子就会发现一个共同性:所有这些新兴势力都是第一次崛起。不同的是，不仅中国当下的复兴不是第一次崛起，就算中国在第一次崛起时，其国际表现也与上述国家截然不同。尽管我们不清楚要怎样衡量这种差异，可是有一点我们可以肯定，就是一般的印象认为第一次新兴国家一定是侵略欺负别国的，但至少从中国第一次崛起的例子来看，可证明它是不能成立的。可以肯定的是，中国在第一次崛起时并没有像之前提到的那些国家一样带有侵略性。虽然要解释造成这种差异的原因很困难，但是康灿雄却做了相关的尝试。通过研究，康灿雄发现中国（在第一次崛起时）处于一种非常不同的国际关系体系，他称之为“在西方之前的东亚体系”。虽然康灿雄并没有给这一体系冠以名号，但是旁人都会用“Eastphalia”来指代这一不同的东亚传统及其对现今的影响。

为了避免造成歧义，[①] 我们将改用“Eastfalia”（东伐利亚）以区别于威斯特伐利亚所指代的传统。

在中国第一次崛起时，尽管其无与伦比的优势保持了11个多世纪，但是没有证据显示中国曾像威斯特伐利亚体系中的西方列强再加日本一样觊觎或侵略别国的领土。中国人的战争都是对抗西北面打来的游牧部落。这一纪录可以在查阅中国邻国的历史中得到验证。康灿雄指出，在19世纪西方列强来到本地区之前，整个东亚体系内，包括四个主要的“东方国家”（中国、韩国、越南和日本），只发生过两次大规模的战争。换句话说，如果中国在当时侵略他国领土，建立海外殖民地或者使其他民族屈服于自己的统治，那么这些受害国的历史中不会没有相关的记录。由于缺乏相关记载，所以直到西方经济历史学家们，如埃里克·琼斯、以及琼斯与怀特再加安格斯·麦迪森提供了统计研究后，中国在长达11个世纪中一直保持世界最强大国家（仅根据GDP衡量）的纪录才被世人所了解。

世界无政府状态与国际上的等级制度架构

在进一步分析之前，我们先来看一看现实主义关于解决权力失衡问题的理论。基于我们生活在一个无政府状态的世界（没有世界政府的世界）中，所以需要权力均衡来维持世界和

① Eastphalia是历史上德国北部的一块地区。在当代文献资料中，它被用来指代以亚洲为主导的国际法（秩序），强调传统意义上的主权，互不侵犯以及相互合作，以区别于（欧洲中心主义所认为的）通过建立超国家机构来指导各国政府管理国家的观念。Tom Ginsburg, “Eastphalia as a Return to Westphalia”, Indiana Journal of Global Legal Studies, 16 (2010)。

平。华尔兹曾预测，在苏联解体之后，像中国、日本、俄国和欧盟这样的二级国家将起到平衡美国单极力量的作用。由于缺少如以前苏联那样的劲敌，华尔兹认为，美国占主导地位的优势将促使更多国家试图平衡其权力。为了支持这一观点，华尔兹列举了历史中的先例，如在查理五世统治时的西班牙、路易十四和拿破仑时期的法国以及威廉二世和希特勒时期的德国崛起时，其他国家也试图平衡这些国家的力量。华尔兹的这一观点得到了新现实主义者克里斯托弗·莱恩的支持，他极力主张并说明二战后以美国为主的单极的国际关系只不过是一种“幻想”（短暂维持的现象），因为其他国家将会纷纷努力制约美国的力量。

但是，澳大利亚国立大学皮特·冯奈斯尖锐地指出，这一主张或预测的问题在于，如今苏联解体已经过去了20年，还没有一个华尔兹所预测可能成为下一个强国的国家（中国、日本、俄国和欧盟）有任何寻求（单个或合力）制约美国单极势力的表现。虽然冯奈斯与华尔兹一样将焦点放到了东亚，但是他却提出了与华尔兹完全不同的理解，而他的研究是从“为什么中国和日本没有选择制衡美国”的问题开始的。结果，他发现，“中国和日本无法或者不愿这样做的原因在于他们对于国际体系的不同理解，在其看来，这个世界是有等级之分的……”而不仅是无政府的状态。

容我在此先解释一下，由华尔兹等人为代表的新现实主义将威斯特伐利亚体系视为一个无政府的状态，即缺乏一个世界政府的超国家权威的存在。[①] 在“无政府主义”的核心前提（华尔兹称为国际社会的“组织原则”）下，华尔兹等人提出了国家“自力救济”的原则，重复了古典现实主义的经典命题“对权力的追求是管理国家的必要条件”并排除了对于价值观、秩序和国际法等规范的需求。

我们无需重复冯奈斯在说明其论文（理论）时所作的详细的推导过程及其复杂的观点。简而言之，他说：“中国和日本以不同的方式依赖着美国，而他们在制定国家安全政策时所考虑的并不是一个无政府状态的世界。”与之相反的是，他继续解释道：“他们认为整个世界的等级是在美国军事战略霸权和全球经济一体化的相互作用下产生的。”因此，中国和日本“并没有选择退出国际体系，而是在计算参与这个体系所产生的利益和成本后才制定相应的安全战略的。”

总的来说，冯奈斯认为中国和日本及其他美国潜在的挑战者之所以没有选择抗衡美国，是因为他们一致认为在这个存在等级关系的国际体系中，制衡的代价远远超过合作的成本。换句话说，没有人会为他们挑战霸权的行为买单，更何况合作的好处远远大于以“权力制衡”之名挑战权威所带来的可能利益。

不可否认的是，冯奈斯“等级理论”中的“相互依赖”的前提听起来并不令人信服。问题在于，尽管他提供了充足的证据予以支持，但是要在中美之间建立“互信互赖”的关系并没

① 早期的现实主义学者如摩根索并没有清楚地解释“无政府状态”的定义，这就留给新现实主义学者们（主要是华尔兹）来进一步发展“无政府主义”理论。鉴于新现实主义强调系统中的权力分配（即结构现实主义），因此“无政府状态”便成了一个自然的前提假设，所有关于国家如何在没有更高权威下互动的研究都基于这个前提。

有像美日间的那么容易。质疑者会立即指出毛泽东时代的中国虽然实力不强，但仍然敢违抗美国的意愿。但是事实是那些藐视都只是嘴上功夫，即使是最严重的反抗（如红卫兵“打倒美帝国主义”的口号）都没有试图真正来削弱美国作为世界领袖的地位和影响。由于“言简意赅”的要求，我只想提议从另一个角度来解释为什么后毛泽东时代的中国在经历了 30 多年的高速发展后，依然愿意接受以美国为主导的有明显等级关系的国际体系。这一解释蕴藏于中国的历史中。在前现代时期，中国一直主导着一个以其自身为中心的等级制的国际体系（即朝贡制度），控制着所有邻国直到 19 世纪西方入侵为止。所以，这一政治传统使中国习惯了等级制的国际关系体系，即使其自身已不再处于等级的最上层。

中国“朝贡体系”模式的独特魅力

康灿雄在查阅了自 1300 至 1900 年长时间的东亚国际关系的历史记录后，借用社会科学的语言，发展出了一套亚洲等级秩序的模式，我们称之为“东伐利亚”。这一体系与（欧洲中心的）威斯特伐利亚体系截然不同，后者虽然包含了主权国家间的平等关系，却也暗含了实际非正式的等级关系，因为那些有实力的强国在整个体系中占了支配地位。而在亚洲模式中，整个系统表面上虽按等级划分却存在着非正式的平等。这种体系由位于中央地位的中国以及地位较低的邻国和“藩属国”组成，只要等级秩序依然存在，就甚少有发生国际间战争的需要。所以在长达六个世纪的时间中，康灿雄发现东伐利亚系统中的战争远少于以欧洲为中心的体系。

我必须补充的是，中国人的等级观念并不是单向的，事实证明中国能够接受目前这种现实。这一观点在一些前现代时期中国与邻国关系的深入研究中被证实。例如，哈佛大学资深汉学家费正清在研究传统中国的世界体系时发现，所谓的“朝贡体系”（包括处于次要等级关系的所谓“藩属国”）并不是建立在许多西方人（尤其是那些文化理论的支持者）假定的汉人优越性的基础之上。用现代的社会科学语言来说，那个体系中的等级关系是由于各国的实际国力相较而自然形成的高低上下关系，但却以家族关系表达之（譬如伯叔侄子和兄弟）。

在前现代时期，中国拥有绝对的权力优势。例如，在 14 世纪中叶到 17 世纪中叶期间，中国的 GDP 占世界总产量的 28%—30%，这相当于美国在二战后的 20 世纪 50 年代处于世界鼎盛时期的水平。直到 19 世纪西方入侵的前夜，中国依然占据了世界 33% 的总产量。由此可见，正如“中国”这个名字一样，中国的的确确是处于东亚等级关系的中央。但是，当中国由于内部分裂和动乱而比邻国处于弱势时，中国朝廷则灵活地接受了在等级关系中扮演被庇护的角色。

譬如在积弱不振的南宋时期（1127—1279），宋国皇帝在接见金朝使节时，是以东西相对的方式见面，而不以传统表达尊卑上下的南北方向相见。1138 年，为了与金国（由女真人建立，生活在当今中国东北地区的松花江流域）议和，地位是相对平等的，意图拉近自己与金国的关系。宋国的皇帝们每年都会向他们强大的北方邻国馈赠大量贵重的礼物，虽然是以经济援助的名义，但实则就是一种进贡的表现。

这些甚少人知的细节足以说明在传统的以中国为中心的东亚国际关系等级关系中，尽管大部分时间都是以中国为主导，但是保护者与被保护者角色互换的现象也时常发生。随着西方势力的入侵，尤其是中国在1840年鸦片战争中战败后，东亚国家间的等级关系被彻底颠覆，中国也学着适应这种变化。而被许多分析家们所忽略的一个具有决定性的部分就是中国是否是当今（等级制的）世界体系的参与者。毛泽东时代的中国，尽管经济实力很弱却公开反抗美国的霸权主义，这都是因为以美国为首的国际社会不承认中华人民共和国并将其排除在外。

所以，如果冯奈斯认为的"依赖性"是中国不愿挑战美国单极势力的观点听起来有些矛盾，那么上文中的"历史习惯论"也许能给我们指条明路。换句话说，中国人对于等级关系的依顺能够更好地说明为什么中国并没有像华尔兹预计的那样挑战美国的单极势力。这一问题的关键就在于，现在的中国与毛泽东时代不同，已经是这个国际体系的重要参与者了，尽管这仍是一个以美国为主导的等级体系。"历史习惯论"及冯奈斯的论点都得出了同样的结论，即"等级论"而非"无政府论"才能解释为什么中国的行为有异于新现实主义关于"权力制衡"的铁律。事实上，具有讽刺意味的是，从希拉里国务卿的所作所为，如在南海争端上鼓动东南亚国家反对中国及联合非洲国家对抗她所谓的中国在非洲推行的"新殖民主义"等事件中可以看出，[①] 现在的超级强

① 2010年在河内的一次讲话中,希拉里·克林顿鼓励越南以及其他东南亚国家组成国际联盟以共同应对其与中国在南中国海问题上的争端，《华尔街日报》，7/24/2010。2011年6月11日，作为30年来首位出访赞比亚的美国国务卿，希拉里在抵达时便抨击了中国在非洲的"新殖民主义"，她认为中国是在掠夺当地的自然资源却不顾非洲人民的生活福利，《世界日报》，6/12/2011，第1版。

国美国正在不遗余力地制衡中国这个竞争对手。这与如华尔兹的现实主义者们所预计的中国将挑战美国权威的状况恰恰相反。从这点上看，走向复兴的中国看似更像是对新现实主义国际关系理论而不是对国际秩序的挑战（或威胁）。而通过观察现实，人们发现中国并没有挑战美国的意图，而是要与美国建立新型大国关系。这同样更像是对国际关系的认同（而非对世界秩序的挑战）。

从更大范围上看，同样的原因（等级秩序）也可以解释为什么在华尔兹看来（除中日以外）可以对美国构成挑战的欧洲各国也和中日一样，并没有制衡美国优势的意愿。尽管俄罗斯也在华尔兹的名单上，但是它在苏联解体后就专注于重整国内事务；2008年，俄罗斯出兵前苏联加盟共和国、现美国盟友的格鲁吉亚，并不是挑战美国的权威本身，而是面对美国领导的北约试图扩张至前苏联国家，直接对俄罗斯造成的威胁作出回应以显示其军事实力。

对于那些支持“霸权衰弱论”，认为美国的实力正在式微的人，我建议回顾一下苏珊·斯特兰奇的提议。[①] 她认为，要比较美国与其盟国（或竞争国）的霸权实力，比较可靠的方法是运用“功能力量”的衡量标准，而不是通常所用的“相对实力”（relational power）。在安全、生产、金融和知识这四个功能领域中，斯特兰奇发现，无论与欧洲还是日本比，美国在各个领域中都遥遥领先。她总结道：“在这四个领域中都无法与美国相抗衡。

① Susan Strange, “The Persistent Myth of Lost Hegemony”, International Organization, vol. 41, no. 4 (1987), pp. 551—574.

鉴于这四个领域的相互作用关系，而欧洲和日本又在军事上相对落后，所以美国很有可能在今后较长的一段时间内依然保持世界霸主的地位。”换句话说，美国与其欧洲和日本盟友的关系仍然是有等级之分的。

虽然时过境迁，但是斯特兰奇所提出的各功能力量的比例关系依然大同小异。尽管冷战时期的联盟体系已经失去了意义，但是以跨大西洋安全同盟为基础的北约却保存了下来，并在适应新的欧洲地缘政治的现实中不断发展壮大。而美国在另外三个功能领域中的优势也保留至今。苏联解体后资本主义的胜利使美国重拾自信，而在新千年的开始，还出现了“新（美国）霸权”，甚至是“帝国主义野心”的迹象。值得注意的是，尽管看似矛盾，但是2008年华尔街垮台产生的波及全球的深远影响仍然显示了美国在经济、政治和军事上的世界唯一超级大国的地位。

在关于冷战后的国际秩序问题上，约翰·伊肯伯里提出了一种新的见解，他认为，与二战前的超级大国（大英帝国）不同，美国为了在实力极度不平等的国际关系中维持平衡，它更多地依靠与多边组织的合作。这看似与回答“为什么至今都没有国家制衡美国”的问题无关，但是如果这一见解属实，那么我们所讨论的问题就不再是传统的权力制衡，而是国际组织的权力制约问题。然而没有改变的则是伊肯伯里的理论中提及的权力不平等的体系依然是一个等级制的系统。

冷战虽然已经结束，但是美国的军费开支却上升至全球其余国家用于安全支出的总和，[①] 其军事实力也是首屈一指的。而坚挺的美元也是唯一一个被所有国家认可的国际货币。最后，美国也是唯一一个将其影响扩展至太平洋和大西洋、中美和拉丁美洲、中东和南亚腹地的国家。但是，与华尔兹和莱恩等新现实主义者的预测相反，其他国家并没有单独或合力抗衡美国的单极力量，这无疑反映了在无政府体系中“等级”的战略影响，远超过他们的想象。

我们的所见印证了康灿雄模式中提到的发现，他从绵延6个世纪的东亚国际关系中推断认为，如果一个体系中的等级秩序根深蒂固，那么次级国家行为的“核心特征”是依附强权而不是权力制衡。如果“中心国家”没有侵占领土的野心而整个体系又有解决冲突的方法，那么这一体系中的所有国家将默许主导国家的地位从而达到系统（模式）的平衡。在通过默许而达到的平衡中，次级国家能拥有各自的主权和事实上的平等，并享受稳定和其他等级制度所带来的好处。因此，在等级关系中，依附强国是次级国家的最优选择。

华尔兹和莱恩等新现实主义者所关注的权力制衡的确是存在于1648—1814年间的威斯特伐利亚体系的制度模式。如K.J.霍尔斯蒂所观察的，威斯特伐利亚体系在其大部分时间都处于多极的政治秩序下（由8个主要强国和许多次级国家组成），在这种

① 美国2008年的国防预算为6960亿美元，其中包括国防部的开支、能源部的核武器项目的花费、阿富汗和伊拉克战争的军事开支以及与国防部相关的其他部门的支出。资料来源：武器控制及防扩散中心，2008年。美国的军费支出占全球的48%，几乎是世界军费总开支的一半，比位居其后的世界上其他46个国家的军费开支的总和还要高。美国的军费支出是中国的5.8倍，俄罗斯的10.2倍以及伊朗的98.6倍。参见，http://www.globalissues.org/article/75/world-military-spending#global issues.org

情况下，无政府状态而非等级秩序占了主导地位。有些人说1848年后多极政治秩序（无政府状态）开始回归并一直持续到20世纪的前半叶，这也是合理的。[①]新现实主义理论可以解释威斯特伐利亚体系，但是明显不能阐释包括后冷战时期在内的历史阶段，而其能否充分解释冷战格局也存在质疑。回顾冷战，我们看到的实际情形是两个独立的等级体系（北约和华约）互相竞争。对于每个等级体系中的次级国家来说，依附强权而非权力制衡才是最佳选择。值得重申的是，等级体系是构成与现实主义“权力制衡”铁律所不同的现实状况的主要因素。

需要补充的是，如果说依附强权是等级体系中的次级国家的主要行为模式，那么它们的反抗（拒绝对主导国家惟命是从）也只是一种“拖拖拉拉”的表现，而不是要真正制衡强权。由此可知，法国、德国、俄罗斯和中国一起拒绝支持美国于2003年春发动的伊拉克战争的行为就可以被看做是一种“拖拉”。简而言之，“拖拖拉拉”并不是真正的权力制衡。除此之外，另一种非权力制衡的行为模式是以警告强权不能滥用权力为目的的适当违抗强国的意愿。例如，据报道，2009年，美国“无瑕号”监测船在中国海岸附近的水域受到中国船只的跟踪。这一事件让人回想起2001年4月1日，美国侦察机EP—3E在飞越中国专属经济区上空时与一架中国空军飞机的撞机事件。有了这样的先例，难怪中方会怀疑美国的舰队过分靠近中国海岸，可能是图谋不轨。另外一个“违抗”的事例被乔·巴夫称为“武力戏弄”，即2006

① 在短暂的“欧洲同盟”时期（1815—1848）后，历史又见证了一种互相竞争的联盟关系的回归，或者说是一个均势体系的回归。

年10月媒体报道的（中方）“跟踪”美国在太平洋上行驶的航空母舰。据《华盛顿时报》（10/13/2006）报道，一艘中国柴电动力潜艇跟踪美国“小鹰”号航母并“在未被发现前于其射程范围内浮出水面”。[①] 明显的是，如果这艘中国潜艇真的带有恶意，它也不会愚蠢到在“小鹰”号的射程范围内浮出水面。毫无疑问，这些事件中的违抗意图并不能与制衡强国实力的行为混为一谈，因为后者是指要削弱强国的力量而言。

① 中国外交部发言人否认此事的发生，该报道原载于《华盛顿时报》，虽然没有注明消息来源但是报道称太平洋司令部“拒绝对此事发表评论”。

四、如何正确认识中国的复兴

在世界见证了中国三十年的复兴之路中，无论是全球还是亚洲区域都没有对其的形成和影响达成共识，只有现实主义者（大部分在美国）对其持消极态度（“中国是威胁”）。有些现实主义者甚至公开支持美国阻止中国复兴的策略（如米尔斯海默）。2009年希拉里·克林顿担任美国国务卿之后，美国开始在外交上游说中国的邻国采取行动制约中国的发展。而亚洲各国除了日本由于历史原因外，似乎并不畏惧中国的复兴。[①] 事实上，许多东南亚国家欢迎中国的崛起以此作为制约越南的力量。越南在1972年越战结束后一直保持着该地区最大军事力量的记录，1978年越南入侵柬埔寨并在金边设立了傀儡政府，这一行为使得东盟各国更加倾向于中国，并在联合国中形成联盟反对接受由越南傀儡政府派来的柬埔寨代表所递交的国书。东盟同样将中国的复兴视为是对日本于整个20

① 日本有理由担心来自复兴的中国的报复。直到今天，日本政府依然禁止其教科书承认日本发动了侵华战争（1937—1945），与其共造成双方12000000的人员伤亡。仅在1937年12月发生的南京大屠杀中就有300000平民于两周内遇害。

世纪80年代在该地区经济统治的抗衡。这也是为什么东盟在“东盟+中国”与“东盟+中日韩”这两个可能的超级自由贸易区之间选择了前者，并在2004年成立了“东盟—中国自由贸易区”。虽然对中美在东盟内的竞争早有准备，但是东盟秘书长素林·披素旺对《纽约时报》记者说：“东南亚各国中没有人希望在美国和中国间被迫作出选择。”这也等于告诉华盛顿方面不用试图通过散布中国威胁的恐慌使东盟国家一致抗衡中国。

越南国防部副部长阮志咏在2010年8月25日出访北京期间特别声明，越南永远（再次强调是“永远”）不会与美国结盟。他还说，“越南希望中国（在东南亚地区）在非传统安全方面扮演一个更重要的角色”，因为中国在这一区域有着更丰富的经验。他所提到的“非传统安全角色”是指中国可以领导中国与东盟在打击盗版、走私、人口贩卖、毒品交易、跨国犯罪组织、非法移民、网络走私、恐怖主义和政权颠覆等方面开展行动。该越南官员在作出这一声明的时间尤为值得注意。这仅在美国国务卿希拉里出访亚洲并提供关于调解东盟各国与中国关于南中国海争端的美国帮助后的一个月，而距离美国宣布的与越南在南中国海举行的联合军演只有两周的时间。

2009年3月在希拉里访问澳洲期间，澳大利亚外长明确地指出，其不会与美国一起制约中国。[①] 2010年7月25日至28日间，美韩在日本海临近朝鲜的水域举行军演，并洽谈了在靠近北京和天津的黄海附近海域举办更多类似的演习后，澳大利亚海军便在9月23日加入了中国海军在黄海的演习。这次演习运用实弹和飞

① 澳大利亚曾与美国和新西兰在冷战时期组成过“太平洋共同防卫组织”。

行目标测试了联合研究和援救项目，同时还测试了火炮和参与船只的拦截能力。

尽管最初“中国威胁”的恐惧在现实主义者和右翼媒体中流传甚广，但中国的一些行为（下文中解释）却受到越来越多的国际关系专家的关注。无论巧合与否，学术界正出现一股讨论“等级秩序”问题的回潮，而这并非受到上述康灿雄关于前现代时期亚洲国际关系研究的影响。在大卫·莱克看来，“等级关系研究”是国际关系理论中的“死马之一”，而后冷战时期关于这一领域研究的代表作就是卡佳·韦伯名为《等级秩序与无政府状态的较量》的专题著作。这一国际关系主流理论的轻微转向，从以现实主义主张的“无政府状态”为主到开始考虑“等级秩序”的作用，从坚持“权力制衡”到“依附强权”的理论影响不断扩大，都为更广泛的讨论打开了大门。人们开始重新思考之前现实主义关于权力和权力制衡的定论是否足以预计、甚至解释发展中国家（如中国）所表现出的行为。

学术氛围改变的第一次浪潮

莱克的另一专著进一步阐释了美国在指导霸权外交政策中应注意道德权威的重要性。如果将这一理论应用于未来的东西方关系上，莱克认为与新兴强国尤其是中国间的冲突并不是“注定的”，而是美国作为当代霸权的一种政策选择。美国如通过建立道德权威而非纯粹依靠武力，则在面临未来中国的强势时将拥有足够的追随者。他还补充说，如果依靠道德权威的力量，“美国甚至还有可能成功将中国揽入以美国为主导的国家关系体系中”。

对于国际关系理论的重新思考还有其他的表现形式，但是几乎所有的都是出于对中国崛起的好奇而展开的研究。亚瑟·库格勒与阿尔弗雷德·奥根斯基曾发展了一套“权力转移”理论，它进一步微调并阐释了现实主义理论本身，是唯一一个真正能与其“权力制衡”理论相竞争的学说。根据对奥根斯基“权力转移”理论的大致理解，战争在实力相当时最容易爆发，这就像发展中的国家赶上了现今的主导国家而发生的“追尾相撞”事件。库格勒现在对该项基于历史先例所创的理论加以阐释，将以前一项不为人注意之细节说了出来，即此类“追尾相撞”的战争，仅是在当事国对于现状有高度异议情况中才会发生。因此，他给美国的建议乃是应该更多地关注亚洲事务而不是全球反恐问题。他强调，“想要通向世界和平，就必须设法提高中国及其他亚洲新兴国家的满意度。”这实际上也是小布什政府在2005年后重新调整外交战略使中国成为“利益攸关者”的理论依据。

另一个学术界对现实主义理论提出的挑战来自于理查德·罗斯克兰斯，他提出由于冷战后经济全球化的影响，人们应该关注威斯特伐利亚体系的转变。他为现实主义理论因太过注重全球化之前的时期而不足以解释在新国际关系中的国家行为而感到惋惜。在提出关于变化了的国际体系的主要观点之前，罗斯克兰斯首先研究了权力的不同含义。注意到权力多变的特质，他指出“一个国家拥有权力的多少并不决定其实施的政策和行为”，真正重要的是国家的意图。如果一个新兴国家要取代现存的霸权国家，战争也不是不可避免的，问题的关键在于这个新的强权是否有扩张的意图。

他注意到，在20世纪之初，美国和平地替代了大英帝国成为世界的新霸主。从经济角度看，日本在1983年赶超苏联时也没有发生战争冲突。但是，我需要补充的是，在20世纪上半叶，德、法也曾卷入激烈的军备竞赛，但是法国一直保持防御姿态，只有德国表现出激进的战争倾向。所以，权力本身并不能说明一个国家追随的政策。差异之因，乃在意图。

罗斯克兰斯还补充道，除了要研究中国是否有挑战美国的野心之外，人们还需要注意到中国现今所处的国际体系与以前的不同。由于经济全球化，中国所处的世界市场及其利益支配已经明显确定。他继续说道，1914年的世界强权（如英国、法国和德国）并没有像现在这样深深地依赖于它们之间的经济（商业）关系。在当时，这种经济联系可以被其他的关系和市场所取代。海外直接投资并不在强国间流行，而主要是小金额地从宗主国流向他们的殖民地。

在21世纪的世界格局中，中国的各个产业尽管发展迅速，但通常也只是位于其他地方的世界主要企业的附属（或以合伙人的形式出现）。在这个罗斯克兰斯所谓的"彼此可伤害彼此的依存关系"中，即使像美国这样拥有强大的军事力量的国家，也无法炫耀其已有的经济上之霸权。而对于中国人来说，这就意味着国内市场将被外国企业（包括美国、日本和欧洲的）所占领，而它们将提供中国发展中所必需的技术支持（同上）。由此看来，中国不会鲁莽且不计后果地去破坏现有的国际秩序。罗斯克兰斯总结说，中国与包括美、日、欧、印等国的经济合作将更有利于其军事扩张以抗衡这些国家。要不然就等于自杀。

在学术界这一思想的影响下，有越来越多的分析家开始关注到为什么除日本之外的其他亚洲邻国和地区都不担心中国的发展将成为威胁，这与美国之前所设想的情况背道而驰。阿布拉莫维茨和博斯沃思重复了康灿雄之前提出的问题并将其更加具体化。他们注意到，时任美国国防部部长的唐纳德·拉姆斯菲尔德在出席 2005 年于新加坡召开的国际安全会议上尖锐地论及，“既然没有国家直接威胁中国的安全，那它为什么还要不断发展新的武器系统？”而有人则反问拉姆斯菲尔德，“鉴于没有国家可以对美国构成威胁，那么为何美国的军费支出会高于世界其他国家军用开支的总和？”

这两位作者质疑五角大楼制定的政策的合理性，就像拉姆斯菲尔德的问题中所表现的那样，他们认为这种思路是“荒唐可笑的”。如果按照五角大楼的思路，那么亚洲国家应该在中国复兴时更加重视美国在该地区的价值。但是阿布拉莫维茨和博斯沃思指出，事实上在中国的邻国中只有日本加强了其与美国的盟友关系。我必须说明的是，日本这样做的原因深深根植于其与中国的历史仇恨中（自 17 世纪开始），而近年来两国在东海石油与天然气资源问题上的争端使得事态更加严重。

值得注意的是，拉姆斯菲尔德的继任者并没有延续其对中国的偏见。在 2007 年 6 月 2 日在新加坡举办的名为“香格里拉会谈”的相同安全会议上，时任国防部部长罗伯特·盖茨表达了对于中美关系的积极态度，只是简单提到了五角大楼在其离开华盛顿的前几天刚发布的关于中国增强军事建设的报告。相对于两年前拉姆斯菲尔德严厉质疑中国所形成的威胁，盖茨只是含糊地对中国的国防开支表示关切，并且很快地转向了关于近期中美各层军事交流的讨论。

而学术界关于中国问题讨论的最大变化莫过于米尔斯海默自身立场的微妙转向。在他 2001 年于《外交事务》杂志上刊登文章五年后，米尔斯海默于 2006 年 4 月在《当下历史》上发表了更新评论。他将文章的题目定为《中国不和平的崛起》，而在文中他还是从一个现实主义的角度进行分析，主张“国际政治的现实就是实力最强的国家试图在其所在的地区建立霸权，并确保在其他地区没有实力相当的竞争对手”。但是与其他现实主义者包括他自己之前提出的观点不同，他在现实主义关于“无政府主义”和“相对力量”的理论后又加上了另外一个变数，即“意图”。这一变数与大卫·莱克和理查德·罗斯克兰斯提出的观点相似。尽管米尔斯海默试图使其五年内发表的两篇文章表面上保持一致，但是他在现实主义框架中的非意志因素（无政府状态和自助的实力）后又加上了“意图”的主观要素，这就转变了新现实主义提出的“国家间的权力分配决定国家行为”的基本前提。对于新现实主义来说，国家的所有行为都是由国际体系实力之分配而引导的。引进一种主观要素（“意图”），不仅反映了结构主义的影响，还改变了对于中国是否及怎样是个威胁的问题的整体观点。有一件事可以肯定，米尔斯海默 2006 年的观点体现了有越来越多国际关系专家的新认同，即在中国问题上的观点正在悄然改变。

如果中国并没有意图挑战现有的国际秩序，而其他国家（包括霸权国）也未能发现中国有图谋统治世界的意愿，那么就不一定会发生霸权战争。[①]这就说明，战争不再像新现实主义理论解释的那样是自发的且由国际体系中的势力不平衡而引起的。从逻辑推理来看，关于复兴的中国会不会成为威胁这一问题并不仅仅取决于中国本身，而是如库格勒主张的那样，很大程度上也取决于其他强国（尤其是当今的霸权国家）是否对中国施压以造成其对整个体系的不满。如果我们按照这个逻辑并将其应用到实际经验中，那么希拉里国务卿动员亚洲国家对抗中国并又教唆非洲各国抵制所谓的“中国新殖民主义”的行为，几乎将导致恰恰与成功地遏制中国背道而驰的结果。如果美国的这些行为真的引起了中国人（对现存国际体系）的不满，那么也许中国将会企图改变体系的现状，尽管现在的中国可能并没有这种意愿。

学术氛围改变的第二次浪潮

第二波对现实主义关于中国发展的悲观看法的反对并不是质疑现实主义本身，除了其提出的“冲突是被预先决定的”新观点。例如，查尔斯·戈拉瑟在一篇文章中以命题方式提出问题：“中国的发展是否会导致战争？”为了回答这一问题，他提出了两个观点，一个是通俗的，一个是理论的。通俗的观点是人们应该检查一个发展中的强国所需要的是否是（自身）安全或统治（他国）。而理论性的观点则认为现实主义的细微改变并不是件坏事，事实上，这可以被视为一种积极的表现。

让我们先审查一下后一个观点。戈拉瑟借用新现实主义的理

① “霸权战争”一词来源于吉尔平，他将其定义为“一场决定哪个或哪些国家将处于统治地位并领导整个世界的战争”。

论，认为中国的崛起是一种安全困境。在此稍作一下解释，所谓安全困境指一国的安全意味着另一个国家的危机（不安全）。因此，一国努力提升自身安全的行为在他国看来是削弱了其安全水平。戈拉瑟给这一理论附加了一个注解，就是当一国的竞争对手变得更安全时，其自身的安全水平也会上升。因此，如同他另一个通俗观点一样，我们必须明确竞争对手提高安全防御的动机是纯粹出于自身安全考虑，还是为了满足统治世界的欲望。如果是这样的话，美国应该不必在意与其竞争国家军事实力的提高也无需作出回应，这样就可以避免两国在政治和军事上的恶性竞争。那么中国的发展究竟意味着什么？戈拉瑟认为，“总的来说，这是件好事”。为了支持他的观点，他分别调查了美国作为超级大国以及中国作为假想的挑战者在包括核武器和常规部队上的相对实力。他发现，两个国家都有比较“防御优势”，也都能够“在当下和今后若是中国成为超级大国时期保持较高的安全水平”。总的说来，核武器、地理上的距离以及近期较好的政治关系“都应该能使两国保持较高的安全水平并避免制定出严重影响两国关系的军事政策”。这样，一个相反的（良性）循环也有可能，即美国对中国关于核武器的现代化或扩充海军，不必直觉地回应。这种自律精神也将使中国确信美国并无威胁其安全的意图，从而可以“避免由核武器竞赛导致的恶性的政治竞争”，反之亦然。

戈拉瑟警告不要过分夸大中国的威胁，要不然，其后果可能“使其成为自我兑现的预言”。如果中美互相误读了对方的意图并采取了相应的措施，那么这一负面的结果“将不是国家所面对的国际体系导致的，而是由于其夸大的不安全状态所造成的”。

戈拉瑟最后总结道，“中国的发展可以是和平的，尽管这一结论并没有保障”。“与传统的现实主义理论相反”，戈拉瑟解释道，“由国际体系产生的国际压力并不会使中美产生冲突。”以下现实促使戈拉瑟确认了其预言：第一，美国承诺对其东北亚盟国（韩国和日本）的安全防御；第二，美国首先处理其所谓的“次级利益”事务（例如台湾问题）；第三，就是对于中国不断增长的实力和军事力量所产生的被夸张的威胁的直觉反应。戈拉瑟应该会认同我早先的评论，关于希拉里国务卿的批评和对中国的施压，将有可能最终导致他所预计的“自我兑现的预言”。

第二位在第二次质疑现实主义的“中国威胁论”的浪潮中的反对者是小约瑟夫·奈伊。像戈拉瑟一样，他也认为在“处于支配地位的国家和发展中的强国”之间没有不可避免的战争，他还列举了历史事件来支持其观点。在应对一群无名的“衰落论者”（相信美国正走向衰落的人）的批评（对美国的未来没有信心）时，奈伊举出了美国无需对中国的发展产生恐惧的原因。“即使中国的 GDP 在 2030 年赶超美国，那这两个经济体也只是在总量上相当，而不是在构成上相同”。奈伊继续阐明了他的理由：“即使假设 2030 年后中国的发展速度为 6% 而美国是 2%，那么中国在直到本世纪后半叶之前也不会在人均收入上达到与美国相当的水平”。在注意到中国进入 2000 年后由全球第九大出口国跃居成为世界第一，奈伊援引了世行行长罗伯特·佐利克的评论，认为出口主导的发展模式在 2008 年金融危机之后是“难以长时间维持的”，而且，“要是中国想继续保持 8% 的经济增长，那么中国就必须在 2020 年之前加倍其出口量”。在讨论了许多中国制度的其他问题后，奈伊得出的结论与著名中国专家谢淑丽首先提出的观点类似，即“中国内部的脆弱而不是其日益增长的实力才是最大的威胁”。

不是每一位了解中国致命弱点的专家都认为中国不会对美国造成威胁，但是却警告华盛顿方面要小心与中国“合作的巨大成本”，并且建议美国制定政策，召集亚洲国家向中国施压，迫使其解决诸如环境变化、海军安全和产品质量等问题。他们还敦促美国与中国的贸易伙伴一起逼迫中国重新评估汇率，降低出口补贴并开放国内市场。与奈伊（或者谢淑丽）不同，他们并不认为中国的“脆弱”对所有人都是“危害”；所以他们认为如果能建立起一个普通的联盟向中国施压，这应该是美国最佳的政策选择。而美国外交协会的易名和史国力也不认同戈拉瑟提出的关于过分夸大一个敌对的和非合作的中国的自我兑现的预言。

另一位在第二次质疑现实主义的“中国威胁论”的浪潮中的反对者是伊肯伯里。当奈伊关注中国国内的脆弱性而其他分析家正迷茫地寻找中国是否有统治世界的意图时，伊肯伯里却发现了现存国际秩序的优势，如公开、经济一体化以及自由的国际主义，这些都将使国际体系“吸收中国而不是被中国主导的世界秩序所取代”。在稍后的专著中，伊肯伯里进一步明确了“自由国际主义的特征”存在于“开放且由如联合国等组织和多边主义等规范构成的基于原则的国际关系中”。和奈伊一样，伊肯伯里同样反对“美国衰退论”。奈伊的反对基于其对一系列国家优势的信念上，如国家的社会与文化、开放的政治制度、由先进科技（包括信息技术）支持的强大经济、无可匹敌的投资资源、由受到良好教育的劳动力维持的高生产力以及一流的教育制度，等等。而对于伊肯伯里来说，他反对“美国衰退论”是基于他对美国保持其全球的相对优势持乐观态度。他强调，与美国衰退相反，现在正在发生的是“一个动态的其他国家你追我赶且关系日益紧密的过程……在这个开放的以原则为基础的国际体系中，这就是正在发生的现实”。尽管大部分现实主义专家都坚持一个国对国的双边焦点，甚至是零和的思维定式，将中国的发展视为美国的衰弱，但是伊肯伯里却在一个广义的多边国际秩序中分析中美关系。如果从伊肯伯里的角度看，就会得出不同的结论，即“尽管新旧势力间会对如何进行合作持不同意见，但是他们都有充分的理由避免打破这种多边的世界格局”。

正如伊肯伯里所解释的，美国正展开与中国（及其他新兴国家）的合作，合作领域拓宽至清洁能源、环境保护、防止核扩散以及全球经济治理，等等。我想添加一点个人的意见。我认为中国在它兴起的同时，对于二战后基于“自由经济和平论”而产生的国际金融与贸易制度以及国际秩序（包括世界银行、国际货币基金、以及世界贸易组织、甚至联合国所代表的一切）有其深厚的既得利益。所以在维护现存国际秩序完整的课题上，正如伊肯伯里所言，中国没有理由会不关怀与珍惜。总之，我们不妨扩大眼光来作一个方法论上的比较。如果现实主义实力派对于中国与美国关系的看法可说是出自“有此则无彼”的窠臼的话，那么伊肯伯里与奈伊的观点就可用“二者可并存”的范畴来界定之。

五、评价中国复兴应跳出固有的政治传统

上述所有的讨论都不可避免地引出了两个相互联系的推论和与方法论有关的重要问题。两个推论是：新现实主义的范例尽管依然主导国际关系领域，但是在处理“中国复兴”问题上却显得力不从心；在研究中国及其复兴的问题上有许多互相竞争的范例。

从这些发现中所引发的一个明显问题就是：哪一范例或者哪些范例的混合才能足以用来解密中国的复兴？而使这一问题更加复杂化的是，我们所要面对的不只是一个民族国家的复兴，还是一个文明古国的复兴。马丁·雅克指出了两个西方长时间以来未能认知中国的两个独有的特征。其一是中国本身就是一块相对独立的大陆，而另一个特征就是中国是一个文明古国。“中国是一块相对独立的大陆”的特征可能并不难理解，问题也许只是在于数量上的不同（它超过其他国家人口和绝大多数国家的领土）。但是，中国是一个文明古国这一点本身就对人们的理解提出了挑战，却也提供了线索。说这是一个挑战是因为所谓“文明古国”，

是指中国是一个被构建的被其古老文明包裹的国家，这与在过去两个世纪中主导世界的西方文明非常不同。再者，在所知的人类历史上，没有第二个文明在衰弱后又第二次崛起。所以，这对我们真正理解中国复兴的重要性，提出了极大的挑战。但是同时它也为我们提供了线索，那就是我们不应该固守威斯特伐利亚体系的政治传统而蒙蔽了自己的双眼，无视还有其他文明的影响。

在稍后的讨论中，我们将看到要了解中国作为文明古国再次崛起的终极意义，即要体会在这个西方统治的世界中，中国的复兴再次引发了两种不同文明间的对话。这就是所谓的，一个世界，两种文明。因此，我们需要一种跨文明的范例才能充分理解中国的复兴以及它将如何在这个威斯特伐利亚体系为主导的国际制度中找准自己的位置。

六、中国的复兴提供了一种新的文明形式

出于比较的需要，试想我们能够假设罗马帝国的再次崛起。如果我们能够作这样的假设，那么它的第二次崛起也不会像中国作为文明国家复兴那样复杂和曲折。首先，中国在公元前 221 年由秦国统一了中国后一直到现在都保持着一个大陆国家的传统。第二，中国在公元前 136 年后便受儒家思想影响而达到了文化统一（详见第二章）。在此之前的很长时间，尽管存在封建传统和领土分割（形成的许多“封地”），但是整个国家却都使用具有文化统一功能的同一种书写体系。另外，与东罗马帝国在公元 1453 年消失不同，中国作为一个文明国家即使在 19 世纪末期遭受国内动荡和外国入侵（西方和日本）的双重打击时也只是走向衰落，却从未消亡。即便在 1911 年辛亥革命推翻王朝统治时，中国却还能在军阀混战及后来统一了国家的国民党政府之下继续存活。虽然日本的侵华战争（1937—1945）重创了国家的经济和社会发展，但是中国依然不屈不挠。1949 年共产党执政时，其继承的中国大陆地区是一块完整的土地。除了中国在物理意义上的

延续，更值得注意的是，中华文明也从未消失并一直影响着中国社会和百姓。即便在“文化大革命”中大搞运动要“破四旧、立四新”的时候也是如此。所以，中国作为一个文明国家不仅出乎意料地长寿，也是世界上其他国家所无法复制的。从这点上看，中国是人类历史上唯一的一个文明古国。

但是，接下来的问题就是：“是什么构成了中国这样的文明国家？”马丁·雅克一直在研究这一令人困惑的问题，在引用了白鲁恂提出的“中国只是一种文明，却貌似民族国家”观点后，他试图给中国作为文明国家下个定义。譬如，它塑造了一个特殊的中国式的民族与族裔的传统，而汉族几乎与传统中国文明是同义词；展现了一种“至少绵延两千年并根植于‘大国情结’”的身份认同。而我则更愿意寻找一种能直接理解中国复兴的合适的理论范例。具体说来，我所提出的问题是：如何利用中国作为文明国家这一事实来帮助我们更好地理解中国复兴带来的影响？

在第一章，我们通过与其他古文明的比较讨论了中华文明源远流长而不断更新的原因。我们定义的文明与文化不同，它包含了生存方式、生活习惯、国家治理模式、文字书写系统、计量标准、相同的世界观和对生活的期望、甚至是对同一个民间英雄和神灵的崇拜，等等。此外，如果脱离了文化和历史，我们就无法真正理解文明的含义。可是批评家们会反驳道，由于受到1979年后经济改革、城市化和当代管理模式的革命以及科技创新的影响，农业（相对于工业和商业）在中国社会发展中的经济地位彻底改变，而且中国人的生活方式和精神状态也被重新塑造。那么这些影响会如何改变中国人的“世界观和对生活的期望”？

为了回答这一问题我们必须要补充一个事实，即中国现在正处于共产党的领导之下，而其理论是与儒家思想和传统的“治国方式”有所不同。在这些变化中，是否有一种新的文明正要诞生？如果是这样的话，那我们讨论的是否是一种新的文明的崛起？如果回答是肯定的，那么我们就不能将中国的发展视为“一个文明古国的复兴”，那是因为之前的文明古国正被一种新的文明所取代。最后，批评家们会提出质疑，我们正在见证的当代社会主义市场化，新中国的诞生是否是那个旧的文明古国的涅槃重生。所以，我认为中国作为文明国家的内涵及其影响，的确给人们造成了很大的迷惑。

由我看来，这一连串问题的答案，早在本书第一章中以下的一段话里已可见其端倪，即：一个文明绝不会静止不前。但要说它有延续性而延绵流长时，必须有把握发现它的基本精神与其独有特征并未因时过境迁而有本质上的蜕变。设若我们能划时代地鉴定在共产党执政到来以前与以后中华文明的基本精神与其独有特征之对照，那么我们就可以辨别中华文明（甚至中国这个文明古国架构），在经过毛泽东时代与邓小平市场化社会主义经济改革之后，是否仍然存在。如果我们牢记中华文明及文明国家的区别，那么我们就应该关注如今中国的“现代化”带来的变化是导致了旧的文明被新的所替代，还是由于悠久的中华文明的兼容并蓄的特点而使其中注入了看似不协调的新元素（西方文明）。下面我们要探讨此问题。

中华文明国家的精神及核心特征

整体上，中华文明的主要精神可以概括为三点：各民族，各地域间所共有的对“天”的崇敬。若将其转化为政治术语，就是政府在理论上是其所有臣民（在其统治下的所有人）的保护人；中国人的“阴阳”相辅相成思想，体现了将矛盾双方统一的至高水平的思维方式，突出了中国人将新旧（通常矛盾的）思想和价值进行融合的能力；非常重视政府教育和培养民众的传统。需要注意的是，正是上述这些特点才形成了中国人对马克思主义和近代技术文化的理解（再解释）和应用方式，而不是后者影响了中国传统。下面我们就简要分析这一过程是如何发生的。

第一，与马克思的无产阶级革命不同，毛泽东所定义的中国共产党革命是由四个阶级联合组成，不仅包括工人和农民（均是无产者），还有在共产党领导下的小资产阶级和民族资产阶级，而中国共产党的合法性一开始便建立在列宁所谓的“无产阶级先锋队”的基础之上。在 2000 年中共中央总书记江泽民将“三个代表”重要思想作为共产党新的合法性基础后，共产党便代表了所有的阶级。

第二，在 2006 年 10 月 11 日党的中央委员会上，胡锦涛提出了“和谐社会”的构想后，马克思主义的阶级斗争观念便无形中大为减弱。但是这并未改变中国宪法（1982 年发布，1997 年修改）所提出的立场，即“中国仍是在中国共产党领导下并由马克思列宁主义、毛泽东思想和邓小平理论指导的社会主义国家”。这一特征正好印证了中国人受阴阳相辅相成思想影响能够将矛盾统一，具有使新旧观点相融合的能力。外国人常常对中国人熟练地将（半）自由市场与社会主义国家相结合感到困惑。但是，中国人用实际行动证明了自己的能力，他们不仅使两者共生发展，还创造了令人印象深刻的快速且持久的发展成果。

第三，儒家思想在中国的地位，即使对于汉学家和资深的中国观察员来说都是模糊不清的。例如，马丁·雅克就错误地将毛泽东思想描述为“清楚地反对儒家思想”。但事实与这一典型的错误假设相反，毛泽东从未“明确地”表达过他反对孔子的看法。在毛泽东的学生时代，他加入了支持“五四运动”的队伍，而其精神领袖胡适是坚决反对儒家思想而拥护西方学说的。但是据我所知，毛泽东从未在他对中国传统的频繁批判中指名攻击孔子。正是由于这一原因，中国共产党才能在 1995 年第一次庆祝孔子的诞辰。由此意味着这位古代先贤的回归，而凝聚孔子思想精华的《论语》也正在中国部分地区的小学中开始被教授。所以，尽管胡锦涛的促进社会和谐的理念体现了孔子的价值观，但是却能在 2006 年的中共中央委员会上被采纳成为官方决议。

说到中华文明国家的核心特征，以下几点尤其值得注意：

第一个特征是国家大于社会的传统。国家（政府）在社会治理中有权干预经济和百姓生活。在本书第二章中，我们已经谈到这种传统是科举制度所带来的副作用。虽然科举制度在 1905 年被废除，但是这一传统（包括国家具有指导经济和百姓生活的责任），不仅很难消除而且还在延续其影响。事实上，就如我们在第七章中所分析的，中国发展模式中的党－国制度在经济中所扮演的角色，比历史上任何一个朝代都要积极。然而这只是政府作用的加强，并不是共产主义制度的创新。在这种传统的影响下，西方文明所习以为常的人权、个人主义及其他思想却不在中国的政治术语的范畴中。两者间的不同是源于文化，而不是简单的不同政体间的区别。退一步说，孟子也提到了“民为贵……君为轻”，但是他所指的“民”是人们集体而不是个人的利益。从这点上看，西方可以无端指责中国人权状况，但他们对人民而不一定是个人共同富裕的观念却并不是与传统思想完全矛盾。

第二个特征是中国古代的官员选拔机制（“科举”）。其肇始于汉代，发展于隋朝并自唐朝开始进入鼎盛时期。在隋朝，官员选拔大多依赖笔试而较少通过贵族推荐。而且，当时并没有官位的世袭制度。官员的儿子，无论其父官位有多高（即使是宰相也属于科举制度产生的官员），都还是需要依靠自己的实力重新参加科举考试。1949 年后，中国共产党首次用干部制度取代了在革命年代选拔干部的惯例。但之后国家又出台了“公务员制度”，在中国传统的政府官僚和美国的公务员制度间，它与前者更为相似。美国的公务员要忠于政府职能部门，但确是没有党派且保持政治中立的。而在中国的公务员体制中，其成员必须尊崇党的意志。事实上，“国家干部制度”不仅包括像西方公务员（行政）部门一样的国家（政府）官僚，还包括其他 5 个官僚机构。这 5 个机构除了存在于党的体系中，还包括军队（团级以上）、群众工作组织中的人员、技术官僚、以及国有企业中的管理层。[①] 因此，共产党领导下的中国是由总共 6 个部分组成的庞大官僚体系。这一现实只是中华文明国家的一个核心特征的扩展和延伸。

批评家们也许会质疑：既然许多其他国家也是通过激烈的考试选拔公务员，那为什么这唯独是中华文明国家的核心特征之一？我要回答的是，中国是第一个从世袭和保荐制转变为通过考

① 此处信息基于我 2010 年在中国休假时收集的资料。

察实际能力来录用官员（公务员）的国家。中国的这一制度在 16 世纪后通过奥斯曼帝国传入欧洲并为其借鉴，如今，它已为世界上大多数国家所使用。[①] 此外，在第二章中已讨论过，科举制度不仅是导致中国王朝体系绵延千年直至 1911 年的主要原因之一，也构成了 1911 年前的中国与当代中国的制度联系。所以，仅凭这一点就能说公务员（官员）录用制度是中华文明国家必不可少的一个特征。

其他特征还包括重视教育，对社会权威的尊敬以及国家长时间的统一和政治稳定，等等。更重要的是，用马丁·雅克的话说就是，人们愿意接受国家作为其文化的“守护人、管理者和代表”。对于美国人来说，他们并不信任政府却支持杰弗逊的观点认为“最小的政府是最好的政府”。但是中国人却天生敬畏权威，包括他们的政府。鉴于美国人尊重法律且愿意遵守法律，中国人既遵守法律也习惯于听从于领导的指示，在邹至庄教授看来，这可能导致以“权威诉求”的传统。[②]

中国的复兴会怎样影响世界

在身处深受欧洲文化和威斯特伐利亚体系影响的当代国际环境中，中国作为文明古国的终极意义始终无法被充分理解。中华文明作为唯一一个至今尚存的古老文明，与其国家运行紧密相连，而在风雨中不断变化却没有被彻底颠覆。这其中有两点值得我们

① 关于科举制度在中国的发展，参见罗伯茨的论著。关于这一制度经由奥斯曼帝国传入欧洲的介绍，详见卜正民和科特彼得的论著。

② 邹至庄认为这是因为儒家传统使然，但是我需要说明的是中国传统从整体上（不仅仅是儒家思想）都是教人敬畏权威。

注意：首先，中国的国内发展不能以受威斯特伐利亚传统影响的国家作为比较和衡量对象。其次，更重要的是，当复兴的中国与其他强国交流时，这并不能简单看作是一个“新生儿”的到来；而事实上，这几乎可以被视为是两种文明间的汇合。虽然这不像火星人遇上地球人那么令人惊异，但是我们也需要尽可能地扩展思维和调整观念来看待这种文明间的汇合。然而，这一比喻也并不尽恰当，因为如果火星人真的来到地球与地球人见面（或融入地球人），那么火星人将被同化融入地球的文化。所以如果与这一比喻相同，那么复兴的中国要想融入以威斯特伐利亚（“西伐利亚”）体系为传统的国际社会，那么中国就需要接受西方的文化传统。①

因此要想确切了解中国复兴对于全球和地区秩序的影响，我们就必须采用一种能适用中华文明国家融入威斯特伐利亚传统的“跨文明”的分析模式。在本章的前半部分，我们简单提到了“东伐利亚”模式，这是由几个世纪的以中国朝贡体系为主的东亚国际关系传统推导而来。我们分析了这一模式的一些主要特征，如等级结构，即次级国家附庸于霸权而不是采取行动制衡其威势，而且在这个体系中，成员国家表面上不平等却拥有非正式平等关系。更重要的是如康灿雄研究发现，这种体系中的战争频率比“西伐利亚”体系中的要小。

但是，为了寻找“跨文明”的分析模式，我们也不是仅有“东伐利亚”作为参考方案，因为中国也不是完全游离于整个现代威斯特伐利亚体系历史之外。至少在19世纪西方强国来到东

① 此处观点受到布热津斯基的启发，他提出“中国已经明显地融入了国际体系”。

亚之后，中国就被卷入了由西方强国（和日本）统治或由威斯特伐利亚体系的制度和规范指导的国际关系中，而且越陷越深。从广义上看，我们能从三个方面更准确地了解中国的复兴对于当代由威斯特伐利亚传统主导的国际社会的影响。首先，我们可以从中国第一次崛起（713—1820）的历史中获得启发，它可以帮助人们预测中国复兴时可能的行为模式和倾向。其次，中国从19世纪中叶威斯特伐利亚体系的列强入侵时所遭受的一个半世纪屈辱中取得的经验和教训，可能对复兴的中国处理外交关系时产生影响。第三，迄今为止中国转型或不断发展成为世界强国的过程中在处理外交关系时的行为特征。一般说来，我们可以将2000年作为历史转折的开始，因为就上文中所见，中国的发展在这一时期开始引起世界的关注并被个别西方国家认为是在地缘政治和地理经济上对现行世界秩序及其所支配势力构成了威胁。

七、从“跨文明”的角度认识中国的复兴

中国第一次崛起一千多年，并未滥用权势

在上文提到的对中国当今影响具有参考价值的三个方面中，第一点已经在第三章中作了详细阐述。为了避免赘述，我们只需对中国的第一次崛起如何对中国复兴时的表现起到借鉴意义做一个简单评估。我们通过大量研究得知，中国在第一次崛起的一千多年中并没有滥用其权势的记录。但是，是什么导致了中国的行为模式与我们之前列举的威斯特伐利亚体系中的新兴国家截然不同，如从工业革命后的英国，到拿破仑时期的法国，明治维新后的日本，俾斯麦改革的德国以及二战后的苏联（甚至是美国）？在我看来，中国第一次崛起能够如此和平可能有两个原因，一个是经济的，另一个是文化的。

第一，中国传统的农业经济拥有广袤的土地和广泛分布的河流航道以及水系的支持，除了能够自给自足外还有所盈余，这就使得中国无需转向海外市场以获取更多资源，也没有建立殖民地

和以其他形式扩张的需要和野心。这可能也解释了为什么郑和在据孟席斯所称的比哥伦布早71年发现“新大陆”时并没有对美洲申诉主权。也许怀疑论者会指出，即使这一理由成立，它也不能作为中国21世纪复兴时的参考，因为中国的发展模式不再属于农业经济。我的回答是，虽然中国在改变，但整个世界也在发生巨大变化，尤其是两方面的变化直接影响着世界的治理模式和中国的应对模式，这两个方面是全球化和复杂的制度建设。如罗斯克兰斯提出的，全球化造成的“彼此脆弱的相互依赖性”将保证中国这个复兴的强国不会轻易去摧毁现行的系统，因为那无疑是一种自杀行为。复杂的国际制度建设（伊肯伯里）也改变了传统的权力制衡的观念，起到保卫和平的作用，而纷繁的制度和机构网络也为制约复兴中国霸权力量增添了另一重屏障。

第二是文化原因，指的是中国传统的儒家思想决定了中国人相信以“王道”而非“霸道”服众。谨记这一不滥用权力的传统，我们就能更好地推测中国在复兴时的表现。同样，怀疑论者会指出由于现在的中国由共产主义政权统治，这是否会造成不同。我们将在后文中先分析上文列出的对中国当今影响具有参考价值的第二个来源，然后再来回答这一问题。

在一个多世纪的曲折和磨砺中复兴

像中国这样的复兴国家，在经历了一个半世纪的衰弱后重新崛起，其表现与之前提及的那些第一次崛起的国家有着本质区别。在那段黑暗的历史中，中国受尽了外国列强的屈辱。所以当这些积压已久的对外国强权不公正的愤怒一旦爆发，便给予了中国人强烈地追求公平与正义的愿望，并使其深深地同情世界上那些被肆意践踏的国家。这可以从中国所起草的联合国宪章第2（3）条的措辞中看出来。宪章中这样写道：“（联合国）所有成员应该运用不妨碍国际和平、安全、正义的和平手段解决其国际争端。”

其中“正义”一词本来并没有出现在原先由美国准备的《敦巴顿橡树园提议》原文中。这是在参加敦巴顿橡树园会议的中国大使顾维钧受中国政府训令坚持下补充上去的。这次会议于1944年召开，来自包括美国、英国、苏联和中国（法国政府正处于流亡状态）等在内的同盟国代表一起起草了后来成为联合国宪章的文件。[①] 在这些国家中，只有中国遭受过外国列强（或“帝国主义”）侵略的痛苦，也只有中国在19世纪后经历过外国势力（依次为英国、俄国、法国和日本）残酷且不公正的待遇。英国甚至通过1840年的战争将其在印度种植的鸦片强行贩卖到中国。中国尽管有着辉煌的过去，在其国民被鸦片不断侵蚀下也最终沦为向英国和其他列强行乞的无助者。中国甚至丧失了自己的关税自主权（交给英国），更不用说那些被迫割让给列强的土地——例如，香港割给英国；安南给了法国；朝鲜半岛和台湾给了日本；以及相当于纽约州11倍面积的土地给了俄国，等等。不仅如此，中国还要在每次强加于自身的战役失败后支付给侵略者们大量的赔款。所以从这些经历中，中国意识到如果是用强权换来的和平也不会是公正的，而没有正义的和平必定不会长久和稳定。因此，

① 在《20世纪世界政治词典》中，关于“敦巴顿橡树园会议”（第233页）的词条中甚至没有将中国列为与会者。事实上，该对话首先开展于美、英、苏之间，之后又举办了一次由美、英和一位中华民国代表出席的会议。这一迂回的过程是因为苏联拒绝与蒋介石政府的代表会晤。

在联合国宪章第 2（3）条中看似奇怪的表达，即“不妨碍国际和平、安全、正义”，是由于中方的一再坚持才添加上去的。

通过这一背景介绍，我们就不难理解为什么当今的中国如此反对一国对另一国使用武力（如对伊拉克和伊朗）。同样，中国也反对以任何形式干预别国内政，即使是假借“人权”和“人道主义干预”之名（例如，在达尔富尔）。虽然以上观点值得商榷，但是在人类历史上没有像中国一样的先例也是事实：它曾经作为世界第一经济强国叱咤风云一千年却在近两百年中的西方崛起时走向衰落，但是如今又成功走向复兴之路。尽管俄罗斯的 GDP 总量只有中国的 2/3，其世界排名也只在第 11 位（中国则名列第 2），但是中国不像俄罗斯对加入“七国集团”并不感兴趣。也许心理学家能告诉我们中国的低调是否由于中国曾经经历了一个多世纪的屈辱所致。而文化主义者却认为原因其实根植于中国文化之中。

怀疑论者也许会问：中国人的“正义”观念从何而来？事实上，这一理念可以追溯至孔子的思想，他认为公正是所有人类关系的基础，由此也可以推广至国与国的关系。

在共产党治理下的中国有何不同

怀疑论者可能会提出质疑，究竟共产主义政权治理下的中国会和之前的政府有什么不同？为了充分回答这一问题，我们需要做两个比较和一个测试。

第一个比较。大部分国际关系学者对现今中国的忧虑都是来自苏联的经验。的确，苏联（从斯大林到勃列日涅夫）推动或者赞助了共产主义的扩张，一直延展到中东欧、蒙古、越南和古巴。

它同时还在1948年帮助建立了共产主义的朝鲜。在冷战中，苏联积极向第三世界国家出口共产主义思想。在莫斯科的指导下，华约和经济互助委员会相继成立，用来控制中东欧国家。它以核战争威胁美国及其盟友，实际上是与世界其他所有国家对抗。

中国与苏联不同，即使在激进的毛泽东时代，也没有实际的证据表明其向其他国家全盘输出共产主义革命并妄图按照自己的意愿建立共产主义帝国，尽管冷战中持悲观主义的麦卡锡主义者认为事实恰恰相反。所有在斯里兰卡和秘鲁等地出现的所谓"毛泽东主义者"都只是当地假借毛泽东之名却为其自己服务的激进分子。总体说来，在与美国试图输出民主制度相比时，现今中国的记录并不是那么糟糕。美国不仅将其影响扩展至桑地诺的尼加拉瓜和卡斯特罗的古巴，还武装入侵格林纳达（1983年里根总统领导之下）和巴拿马（1989年老布什总统领导之下）。

在对美国认为的"中国威胁"的回应上，冯奈斯曾对为什么中国的表现与美国设想的完全不同的原因作出了评论。他解释说，中国人"一直强调一个稳定、和平的国际环境对其国家发展是不可或缺的，而他们也一直身体力行地实践着这一观念"。假如真要追根究底的话，我认为中国的民族主义再加上毛泽东以后的市场社会主义决定了中国当务之急乃在促进国内经济繁荣、以及在国外推进以社会正义与世界大同为轴心的新世界秩序，但是这并不能证明复兴的中国在共产主义的领导下会像苏联一样对世界和平造成威胁。

第二个比较。我们需要比较中国的外交政策在1949年共产党执政前后是否有所不同。这里我所提出的比较对象是1945—

1949 年蒋介石领导的国民党政府。这是二战后中国作为战胜国所经历的一段关键时期。这也是中国第一次对于其丧失的领土拥有发言与收复的机会。在抗战末期，蒋介石曾派兵前往日军占领的越南。这是法国在 19 世纪末从中国手中抢去的土地（当时称为“安南”）。但是在二战期间，法国由于国内局势自顾不暇而暂时撤军。1945 年战争结束后，蒋介石曾面临是否从越南撤军的困境。如果根据民族主义者的惯性思维，中国军队可以一直驻扎以阻止法国返回越南并重新申张中国对越南的控制。但是事实却是中国军队在战事结束后便立即回撤。

无独有偶，在 1953 年与美国签订朝鲜战争的休战协议后，中国政府同样面临着是否从朝鲜撤军的选择。中国志愿军于 1950 年 10 月开始在朝鲜驻扎，配合并支持朝鲜的军事行动。他们成功逆转了美国及联合国军队的战略优势。在大部分的当代历史中，朝鲜半岛一直处于中国宗主权的庇护之下。1895 年，中国在 1894 年战败后将朝鲜割让给了日本；而日本在朝鲜的殖民统治一直持续到 1945 年。1953 年，中国本来有机会重新申张对朝鲜半岛的所有权。但是毛泽东治理下的中国政府兑现了自己的承诺，在战争结束后撤军，就像蒋介石政府曾在越南作出的决定一样。

以上比较显示，现实情况与之前很多人的假设恰恰相反，共产党中国与 1949 年之前的非共产党政府至少在这关于外交事务的特殊情况上是一致的。这一结论意义深远，因为关于领土主权丧失的问题对于当代中国的民族主义来说是极其敏感的。这类领土丧失的历史问题，是中国饱受帝国主义侵略的切身之痛，因为它牢牢紧系着中国几乎亡于帝国主义之手的痛苦记忆。

另外一个关乎中国复兴未来表现和倾向的要素就是中国共产党对于社会正义的态度。许多人认为社会正义在形成21世纪国际环境的系统价值观中占主导地位。中国近期的国内发展也许无法提升由“自由之家”和“国际特赦组织”统计的关于“人权”和“民主化”列表上的排名。另一方面，中国的国际视野却更多的关注于那些被践踏和低经济水平国家的发展。一个事实说明了中国的这一倾向，在全球正遭受金融海啸时，中国目前手中有剩余的资金。在2008—2010年间对发展中国家的贷款数量竟超过了世界银行，达到了1100亿美元。此外，北京方面还免除了不能还清贷款的发展中国家的几十亿美元。西方媒体专家总是认为中国的借贷减免政策的背后隐藏着其对这些受益国家的石油及其他资源的利益企图。但是这一主张正违背了中国更广泛的国外援助和贷款政策。例如，自2000—2009年，在未考虑这些国家是否有中国需要的石油及其他资源的情况下，中国就免除了35个非洲国家的全部312笔贷款，总计189.6亿元，其中包括世界欠发达国家如塞拉利昂、厄立特里亚和津巴布韦。在2011年5月11日于土耳其举办的联合国关于最不发达国家的会议上，中国除了向46个欠发达国家提供其他形式的援助外，还另外向国际货币基金组织增资500亿美元，并清楚地说明这些资金要首先用于帮助那些欠发达国家；但由国际货币基金组织来决定是哪些国家。

毫无疑问，中国无法控制IMF究竟如何使用这笔资金并且也不能决定这些受惠国是否拥有任何自然资源来回赠中国。所有这些都印证了中国与会代表的声明，他说，中国对于欠发达国家的援助政策（包括贷款）是不带有任何政治和经济条件的。其他也有研究证实中国对非洲的贷款和出口援助完全是基于提高其基础设施和长远发展为目的的。

我们之前注意到了孔子及其思想的再受重视，以及前中共中央总书记胡锦涛提出的蕴含了儒家思想的建设“和谐社会”的提议。我想要补充的是，位于北京的海淀区（又称“大学城”）不仅拥有中国两所顶尖大学清华和北大，近年来它还成为积极推动儒家思想复兴的中心。一位华裔美籍教授杜维明辞去了其在哈佛大学燕京学院的主任一职，于2009年开始在北大任教，他从西方哲学的角度致力于将儒家思想视为一种伦理体系的研究。此外，前中共中央总书记江泽民在宣布他的“三个代表”重要思想时也曾讲到国人应当如何从恢复中国固有道德精髓来重振国威，其中即包括“正气”。公正与和谐一样，也是一种儒家价值观的体现，它们与社会达尔文主义形成鲜明对比，后者为西方的“炮艇外交”和以“白人的责任”为名的“帝国主义”侵略行为提供了理论依据。

中国是以一种文明的方式迈向复兴之路的

就我们所提到的，中国在转型期间的表现乃是帮助我们预测中国在成为超级强国后的行为及其对世界秩序的影响的第三个参考依据。我们对中国在世纪之交后的国际关系行为可作出如下一些总结。

第一，有三个实例能更好地解释我们之前提到的一种行为模式，即中国采取的是合作共赢的行为而非试图制衡美国的权力。

朝鲜。第一个例子是朝鲜，即与朝鲜民主主义人民共和国有关。面对朝鲜发展核武器的野心，美国与韩国和日本一起曾试图以 1994 年协议为“利益诱饵”促使平壤放弃核武器研究并承诺美方将以能源支持和提供两个清水反应堆为交换条件，然而一切都是徒劳。2002 年 10 月朝鲜承认其正进行地下核试验。2003 年末，小布什总统希望中国能对朝鲜施压使其同意与美方等国进行谈判。如果是斯大林面临同样的美朝僵局的话，他有可能就会操纵朝鲜把它当作对抗美国的一颗棋子。但是中国顺应了“山姆大叔”的意愿，积极斡旋召开了“六方会谈”。谈判地点选在了北京，与会的除了来自中国、美国和朝鲜的代表外，韩国、日本和俄罗斯也出席了会议。2003—2007 年间一共进行了五轮会谈，但是都无疾而终。中国甚至以经济制裁向朝鲜施压，宣布切断朝鲜所依赖的中国粮食和燃料供应，并停止了朝鲜途经澳门的与外部世界唯一的银行联系。这些方法最后还是奏效了。

2007 年 2 月 13 日，会谈各方采纳了关于朝鲜半岛无核化具体步骤的文件。朝鲜同意关闭在宁边的核设施并接受国际原子能组织的调查人员返回朝鲜进行监督和确认。在文件中，各方同意对朝鲜实施紧急能源援助并在五个月内继续下一轮的六方会谈。文件的附件还提到美国稍后将与朝鲜代表于纽约举行双边会谈。[①]尽管朝鲜在刚拆除宁边核设施后便反悔其停止核试验的承诺，但是这次事件却毫无疑问地体现了中国愿意同美国一起保持合作共赢的努力，这在斯大林来说是绝对不可能的。世界上其他试图制约美国霸权势力的外国政府也不可能如此配合美国的行动。

伊朗。我们的第二个例子是关于中国与和美国不和的伊朗的微妙关系。由于地理上的距离，伊朗从来没有对中国造成安全威

① “六方会谈达成联合声明”，中国新闻社，2007 年 10 月 13 日。

胁。事实上两国间有着几个世纪的合作传统，历史上，“丝绸之路”促进了两个古代帝国频繁的贸易往来。20 世纪 80 年代的几年间，中国提出的“武器换石油”的政策将中国和伊朗紧紧地拴在了一起，而后者由于两伊战争而亟须补充自己的武器装备。由此伊朗不仅成为了中国武器出口的最佳市场，还是急需石油的中国的第三大石油供应国。这一亲密关系在美国于 1996 年通过“伊朗—利比亚制裁法案（ILSA）”并对伊朗实施经济制裁时造成了中国的“波斯湾困境”。据高龙江分析，这一困境“迫使中国在与美国保持友好关系和继续与重要的波斯湾国家（包括与美国敌对的伊朗）建立合作联系之间作出利益平衡”。中国领导人一直谨慎处理与伊朗的关系，确保两国的关系不会被美国误认为是对其霸权地位的直接挑战。最终，这种谨慎态度使中国在美国于联合国安理会提出制裁伊朗的决议时表示赞同（联合国安理会 1929 号决议，于 2010 年 6 月 9 日通过）。美国媒体却对为什么中国回心转意地对这项决议投了赞成票，创造了一个标新立异的解释，说是美国先说服了沙特加倍供给中国石油，这样才促成的。[①] 所有人都断言在美国的施压下，沙特阿拉伯一定会确保对中国的石油供应以弥补对伊朗实施制裁后所造成的石油短缺，而唯一的条件就是中国必须采取实际行动以制约伊朗发展核武器的意图。

仔细分析这些媒体报道就会发现他们所言并不可信，原因如下：第一，在中国和美国之间，沙特阿拉伯与前者的关系更为紧密。《纽约时报》（4/20/2011）曾指出，在前沙特驻美国大使

---

① 例如，路透通讯社于 2011 年 5 月 2 日登载了李惠的故事，证实了维基解密消息来源的可靠性，而欧亚信息网络于 12/6/2010 也刊载了关山隆史的一篇类似的故事，标题为 “Why China Backed the Iran Sanctions”。

兼外交大臣费萨尔亲王的兄弟看来，美国对以色列的支持已经使其与沙特之间产生了嫌隙。他补充说，“相比之下，沙特与中国之间没有那么多政治负担，也更容易达成互利共赢的局面。”自1999年起，沙特王国就不断改善与中国的关系，所以如果中国需要沙特的石油援助，大可直接向沙特提出要求而不必通过美国这个媒人。第二，与那些媒体的假设相反，沙特在2007年就被安哥拉取代了中国第一石油供应国的地位。2008年末，安哥拉在与IMF进行了长年的贷款谈判后通知对方，中国已经同意向安哥拉提供20亿美元的低息贷款，因此不再需要IMF的援助。鉴于中国和安哥拉的紧密关系，人们会质疑：如果确保石油供应是疏远中国和伊朗的必要条件，那么美国为何不能如法炮制，像联合沙特一样，与安哥拉联手保证中国的石油供应？第三，由于中国可以直接从沙特或者安哥拉获得石油供应并且其在非洲投资了大量的石油项目（中国30%的石油供应来自非洲），所以中国绝对不会像那些媒体报道的那样由于美国帮助其获得沙特的石油供应而感到有所亏欠并在联合国安理会的表决中投赞成票以“报答”美国的恩情。据我所知，中国赞同决议的最终决定是出于全球和平战略以及不要危害中美整体关系的考虑。由此可见，这是一种合作共赢的方式。

利比亚。另外一个案例与利比亚有关。由于“茉莉花革命”席卷北非，革命的热潮也在2011年2月蔓延至利比亚。人们成群结队地走上街头，要求统治了利比亚41年的穆阿迈尔·卡扎菲下台。他的统治被《经济学人》杂志评为“残暴而无常的统治”。反抗声浪首先在首都的黎波里爆发，随后便蔓延到第二大城市班加西。与的黎波里出动士兵和狙击手恐吓示威群众一样，在班加西，武装部队也对抗议者实施了残酷镇压。支持抗议者的前利比亚驻美国大使欧札里在动乱发生后便立即向西方求助。据一些未经证实的消息称，随着冲突的升级，利比亚政府在美国银行的冻结资金被发放给反抗军以支持其抗议卡扎菲的行动。在希拉里国务卿于三月早期出访法国与欧洲领导人会晤，讨论解决利比亚内战的下一步措施时，奥巴马政府已公开支持联合国安理会为援助利比亚反抗军而授权建立“禁飞区”的决议。这一决议于2011年3月10日在安理会以10票赞成，0票反对通过（作为安理会1973号决议），5个国家投了弃权票，其中包括中国与俄罗斯（这两者均持有否决权）。

中国一直以来就是反对以武力抵抗卡扎菲政权。尽管决议中名义上称“采取一切必要措施”包括“禁飞区”以保护平民免遭政府军的袭击，但在中国看来，这其中还是有可以被北约军队利用以对卡扎菲的空中防御实施武力打击的漏洞。但是中国最终选择了弃权而非否决。为了充分理解这一选择背后的含义，人们需要分析中国领导人考虑的两个问题，一个是假设性的，另一个则是较为可信的（事实）。第一个是有鉴于在美苏冷战期间发生过的类似情况。当时这项决议案如在苏联很有可能被否决这一项的决议。而今中国取代了苏联成为大家认为的最有可能挑战美国权威以决定对利比亚暴乱等国际问题最终命运的国家，但是中国在表决时却选择了弃权。

另一个引起中国领导人关注的情况就是利比亚问题并非如表面看起来的那么简单，其中暗含了美国与中国在非洲的竞争，而这一地区提供了中国30%的石油进口。据中国商务部统计，截至2011年3月，总共有75家中国主要公司在利比亚运营，合约金额高达180亿美元。安理会授权的北约行动可能会严重影响中国在利比亚的利益。所以一些媒体信誓旦旦报道的美国“正通过北约挑战中国在利比亚的利益”的言论也不足为奇。然而不论媒体如何杜撰，中国还是决定于安理会表决时投弃权票，唯恐被人们当作违背美国意愿的把柄。中国在投弃权票时引用了阿拉伯联盟声明中支持建立“禁飞区”的条款作为理由，似乎是为了可以避免被指过分顺从美国的批评。

中国的这一决定不仅展现了大国的自信，还证明了其对北约的充分信任。中国坚信其在非洲的经济利益和政治地位不会因为联合国1973号决议所带来的影响而动摇。中国知道由于从未就人权问题而高调指责非洲领导人，它已经在非洲获得了坚定的拥护和支持（包括利比亚在内）。从民间角度看，与美国和西欧国家不同，中国一方面在非洲拥有商业利益，但更重要的是，中国企业还帮助当地政府建设基础设施，包括公路、铁路和学校，这些都受到了当地百姓的欢迎和支持。此外，除了安哥拉，中国还在IMF拒绝放贷后向乍得、尼日利亚、苏丹、埃塞俄比亚和乌干达等非洲国家提供了几十亿美元的低息贷款。但是，中国的弃权票也体现了其过分信任北约会严格遵照1973号决议展开行动。所以当得知北约在未经授权的情况下轰炸本该保护的平民区并导致数人死伤时，中国便“敦促”北约尽快结束在利比亚的空袭行动。中国的反应立即受到巴西、俄罗斯和印度等其他三个金砖国家的支持（《纽约时报》，3/22/2011）。尽管只有中国和俄罗斯在安理会中具有否决权，但是所有金砖四国在此项决议上都投了弃权票。

第二，研究表明，近年来中国正扩大其在国际组织中的参与程度。一份由史蒂芬·奥尔森和克莱德·普勒斯托维茨编撰并由经济战略研究所呈交美中经济和安全审查委员会（隶属于美国国会）的报告显示，“有十个趋势和两个事实”可以说明中国正积极参与国际组织的事务并提升其影响力，这些组织包括世贸组织、国际货币基金组织、亚洲开发银行、亚太经合组织。在十个趋势中，有三个值得特别关注：中国的影响力正逐步提高（例如许多成员国在一些特定问题上会征询中国的意见）；中国一直处于“防御姿态”，就好比中国在足球比赛中更愿意与对手打成平局，即“不必为了获胜而努力进网得分”；中国正成为一个能提供“有价值和建设性意见的参与者”——中国“是一个完全有能力行使其权力并负责任的组织成员”。

而报告中提到的关于中国在国际组织中地位的两个“事实”是：“中国的最大目标是稳定”；“国际组织本身并不能创造世界的经济和战略秩序，而只是对主导的国际秩序起到反映作用”。这第二个事实是两位作者对于“八国集团”向“二十国集团”转变的评语，他们将其看做是全球经济和政治力量转变的结果。换句话说，这种转变不能仅仅视为是中国复兴带来的影响。与我们讨论的主题更加相关的是第一个事实，即中国“求稳”而非求变的政治主张，更非因要变而变。这对现行国际秩序来说，中国的复兴是件好事。

虽然接受奥尔森与普勒斯托维茨报告的委员会（即美中经济

和安全审查委员会），在他们自己上呈美国国会的年度报告里通常对中国持有极端怀疑态度，但经这两位学者出手的报告，则措辞蕴藉甚至有惊人平稳的立论，并没有花费言辞炮制中国的桀骜孤僻。我们可以在中国参与联合国的维和行动中找到佐证。在联合国安理会的五个常任理事国中，中国于 2009 年的维和部队数量仅次于法国而位居第二。据我所知，一位中国少将（赵京民）被任命为联合国在西撒哈拉行动中的总司令。研究指出，这一任命之所以重要是因为中国在西撒哈拉地区并没有地区（资源）利益。中国之所以如此慎重处事，主要是为了照顾到信誉，而非物质利益。一位日本学者兼作家在中国进行了一系列采访后，指出中国积极参与维和行动有利于“提升其负责任的大国和维护国际和平的国家形象”。而我更主张将中国的积极参与视为一种对提高世界“欠发达国家”福利水平的一种承诺，并非仅仅为了国家形象问题。这种承诺源于对欠发达国家的同情，而我也认为中国会长期恪守这样的承诺。

简而言之，我们可以总结认为，中国对冷战后的超级大国美国并非持有惯常的敌视态度，而是有合作有竞争，也有某种程度的协调与配合，也就是习近平主席提出的建设与美国的新型大国关系。这一表现再次确认了围绕中国朝贡体系（至少从 13 世纪至 19 世纪早期）而形成的亚洲传统国际关系中次级国家对霸权不抗争的态度与行为模式。早先我们提到了一种“跨文化”范例，用来评估和理解中国复兴时的外交表现。我们同样提到要想真正理解复兴的中国，我们不仅要将其视为被威斯特伐利亚体系“同化”的过程，还要注意到其自身携带的在亚洲传统国际关系中所形成的一些独特的“东伐利亚”模式。两者并存不悖。

此外，中国当今许多外交政策的制定都是基于对欠发达国家的同情，反映了中国人自 19 世纪中叶开始与世界强国作殊死斗争的曲折经历。虽然我们还没有机会讨论中国近年来使用武力的情况，但是傅泰林的研究已对这一问题进行了详细分析，在中国与邻国的 23 宗领土争端中显示，中国的行为模式与前现代时期保持一致。他的研究表明，1949 年后（中华人民共和国成立以后），中国在 23 次争端中仅 6 次使用武力，而其余 17 次争端大都以和平方式收场。

在充分研究这 23 个案例后，傅泰林对于中国使用武力的方法作出三个总结：

第一，中国并不喜欢通过武力解决领土争端。这一点尤其值得注意，因为这些争端牵涉许多国家很有可能由此引发战争。

第二，在处理少数民族地区的动乱时（如在西藏和新疆发生的武装冲突），表明中国的内部问题促使其谋求与邻国如印度和俄罗斯的合作关系。这一发现并非主观猜想，因为这与通常所假设的一样，即国内的政治动乱实际上能激发一国的和平而非战争意愿（并非靠通过建立海外目标而转移人们对于国内问题的注意）。

第三，随着印度和俄罗斯等国的国力开始式微，有人或许揣测这很有可能会激发中国在领土争端上使用武力的强烈意愿，显然，这种揣测是缺乏有力证据的。台湾就是一个例子，北京方面的声明不仅体现了与 1945 年之后统治台湾的国民党政府间的激烈角逐，也表明了中国正面临来自支持台湾当局的美国的挑战。

但是，傅泰林提出，“只要中国领导人相信统一台湾迟早都会实现，那么中国使用武力的概率就很低了”。

怀疑论者可能会质疑中国在这些争端中的表现是否体现了其武力倾向。但是有一点可以肯定，傅泰林的这些发现与其他许多关于中国在领土争端和整体冲突情况下的行为的研究结果是一致的。此外，傅泰林的发现还为近来的一些研究提供论据支持，这些研究提出应该重新思考国际关系理论，因为中国在复兴中的表现并非如传统理论对一个崛起国家所预计的那样可怕。

第八章

中国时代来临

在未来的国际秩序中，中国不会延续令其厌恶的两种治理模式，一是西方（日本）"帝国主义"，另一个是斯大林式的大国沙文主义。中国会更多地关注国际正义，这体现于中国在 1944 年参加起草联合国宪章时坚持加入"正义"一词的举动。同时，中国也极力反对西方的"社会达尔文主义"，它曾为统治世界为"白人的责任"提供了合理依据。不仅如此，中国也不赞成苏联的"国际无产主义"，因为这意味着在苏联的全盛时代，其有权凌驾于所有联邦国家之上。从实际层面说，"公正"应该包括社会正义和对世界欠发达国家表示同情。

一、第二次崛起的中国会不会与美国争夺世界领导权

首先，我们需要阐明两个与西方主张相左的关于中国复兴的观点。第一，如我们所见，马丁·雅克给自己的书（《当中国治理世界》）起了一个很长却很抢眼的副标题，名为“西方世界的终结以及新的世界秩序的开始”。我之所以说“抢眼”是因为这个标题反映了典型的西方对于中国复兴的恐惧。但是对于这一标题的说法，我有两点不同意见：如果“治理”在一般字典里意味着“统治”或“命令”，那么复兴的中国并不会这样“治理”世界；我不同意中国的复兴意味着“西方世界的终结”的说法。毫无疑问的是，这样的情况不会发生。然而，我接受标题中提到的中国的复兴将预示着“一个新的世界秩序的到来”的观点。但是我所预计的新的世界秩序肯定与作者所想象的不同。

其次，在希拉里·克林顿一次关于奥巴马总统外交政策的讲话中，她特别声明：“美国能够，必须也将一定领导这个世纪。”《纽约时报》（9/8/2010）将希拉里在外交协会发表的讲话称为

“纯粹的霸权宣言”。据我推测，复兴的中国不会与美国竞争世界领导权。弗雷德·伯格斯滕注意到，邓小平曾于1974年在联合国大会上坦言：“中国不是超级大国，也没有野心成为这样的国家。”在这一声明中，邓小平重复了长久以来毛泽东主席和周恩来总理所持的观点，他也遥遥预期了在37年后胡锦涛作出同样的宣示。2011年6月12日，就在胡锦涛对哈萨克斯坦、俄罗斯和乌克兰进行国事访问的前夜，他重提了这一主张并更进一步，他再次强调了中国“永远不称霸，永远不扩张”的承诺。① 从语言学上看，“称霸”和“扩张”在中国用词中的含义远比英语翻译中的强烈，中文里它们都是及物动词，而在英语中却找不到相同的词，只能以形容词代替。

许多分析家们推测快速发展的中国必定会对美国作为世界霸主的地位产生威胁，却没有人了解过中国本身对于这一形象的看法。在中国科学院于2003年出具的一份根据7个标准衡量的不同国家“国家实力”的研究报告（名为“关于中国可持续发展战略的报告”）中显示，中国在世界13个主要国家中位列仅第7。这13个主要国家的顺序包括了美国、英国、法国、俄罗斯、日本、意大利、印度、德国、加拿大、巴西、澳大利亚和南非，等等。而7个衡量标准则为经济实力、科技实力、军事力量、社会发展、政府治理能力、外交水平，等等。中国在这7项标准中的分数仅是美国的一半。②

在2009年一项关于中国人对自己国家形象认知的调查中，

① 参见《世界日报》（纽约），7/20/2011，第B1版。

② 参见《侨报》，3/9/2003，第C12版。该报道未将法国考虑在内。

皮尤研究中心发现 70% 的受访者不相信自己的国家将很快成为世界第一经济体，并认为那些持此观点的人是非常“天真”的。[①] 与之相反的是，在皮尤研究中心于 2011 年 1 月的一项调查中，近一半（47%）的美国人则相信中国已经超越美国成为世界第一的经济大国，只有 31% 的美国人依然认为美国经济仍排世界第一。而有 67% 的人相信美国仍保持着最强的军事实力，相较而言，只有 16% 的人在此项中选择了中国。[②]

另一个需要深思的问题是中国人是否如外界评论的那样渴望领导他人。例如，前总理温家宝曾分别告诉欧洲国家和奥巴马总统，中国无意与美国组成“两国集团”。2009 年 5 月 24 日，温总理在出席于布拉格举办的第十一届中欧峰会上再次申明，他反对由国际评论家提出的“两国集团”的概念。他告诉记者，“有些人说中国和美国将联合主宰世界。这是完全错误且没有事实依据（不合理）的。”同年 11 月，在奥巴马总统访问北京期间，温家宝重申了他对“两国集团”观念的反对。而当时这一概念受到了美国前总统吉米・卡特的顾问兹比格涅夫・布热津斯基的支持。温家宝给出的一个官方理由是中国仍是“发展中国家……在达到完全现代化之前，中国还有很长的一段路要走”。但是更深层的原因是，中国认为“全球事务应该由世界各个国家共同决定，而不是由一个或两个国家说了算”。[③] 这一强烈观念反映了曾经衰弱的中国在长时间受到外国列强欺凌时所积压的怨气。这也是

① 参见《世界日报》，12/6/2009，第 B1 版。

② 参见《世界日报》，1/14/2011，第 1 版。

③ “Wen: China disagrees to so-called G2,” available from: http://www.chinadaily.com.cn/china/2009/11/18/content_8998039.htm

为什么中国反对单极主义而支持世界多极化。[①]

中国因忠于其深信领导必以身教为准，势将在国际关系上身体力行此一身教之原则，而静观其效：究竟其他国家是更折服于中国还是美国。老子所谓的“无为而治”其实与孔子提出的通过魅力和榜样来服人的思想，实则比我们想象的更为接近。然而中国在外交方面的低姿态甚至还促使美国副国务卿罗伯特·佐利克迫切要求中国在国际舞台上成为一个“负责任的利益攸关者”。由于中国并不习惯这一角色的转变，所以中国需要一段合理的时间来学习如何成为一个“负责任的利益攸关者”或者在不显激进和专制的情况下更加积极地参与国际事务。在奈伊看来，中国在2006年后国际表现的转变，尤其是在2008—2010年间的行为导致了“亚洲地区和美国对北京方面的不信任”。我想，这些来自具有影响力的学者如奈伊的批评，即使不会使中国再次选择以前的行为模式，也会使其重新思考自己的行为。

此外，关于中国以身教领导的倾向也有一点曲折。从正面来看，中国在短期内已经提供了许多好榜样。例如，“经济高速发展的中国模式”；在其帮助低发展国家建设基础设施中体现的中国对它们的同情；中国慷慨地取消低发展国家的债务；有时候甚至教授当地人开采自然资源的技术以提高其出口量。所有这些都使中国在发展中国家内树立起和睦友善的国际形象。

但是从一些不太乐观的方面看，中国在中期发展过程中于国

① 在2002年12月4日胡锦涛和普京总统签署的联合公告中，“多极化”被确定为国际关系的基础。一年之前在普京与布什总统会晤时也就这点达成过共识，但是这一共识的具体落实更有赖于胡锦涛总书记的坚持，他提出要在每份正式的国际文件中注明“世界多极化”这一点，从而不会激怒已在“9·11”中受到重创的美国。

内是否能发挥模范治理的优势，便不得而知，更不用说中国需要在与西方民主国家和较开放的非西方社会（如印度和南非）的激烈竞争中能否突显自己的优势。所以中国在与全球 13 个主要发达国家排名时仅将自己排在第 7 而非更靠前的名次，这在前文中已经提及。而这或许也是温家宝坚决反对中美“两国集团”领导世界的原因之一。

从长期看来，中国能起示范作用的范例，将有另一重的含义。那些对中国“经济高速发展模式”感兴趣的国家将会认同政府的最高权威，运用国家宏观调控以及“上下一条鞭”运作优势之重要性。他们也将认同美国未来学家奈斯比特提出的中国的“垂直民主”是西方水平民主的另一种选择的看法。进一步说，如果邓小平改革的最后一步（政治改革）也实现的话，中国（的发展模式）也会产生变化。到那时，中国很有可能既包含垂直民主又吸收了水平民主的精华，并成为世界其他国家争相效法的对象。通过上述分析可见，无论是短期、中期还是长期，中国坚信以榜样示范的领导力量并不是一句空话。

二、新的世界秩序是共同治理还是中国主导

依我看来，中国的复兴需要经历两个阶段。第一，中国将在2035年之前在以GDP衡量的经济实力上超越美国（奈斯比特认为这将在2020年发生，基辛格也持同样观点）。第二，中国将在另外的20年中赶上美国的军事水平。鉴于中国的13亿人口是美国人口四倍的事实，中国可能需要更长的时间才能赶上美国的人均收入水平。而且中国人也要学会他们需要融入的这个世界中的新规则并学会成熟老练之道。

我认为，这两个阶段中间的过渡时期可能是最不稳定和麻烦的阶段。其中一个原因就是由于美国害怕丢失自己世界霸主的地位，它很可能不顾中国的真正意图而本能地在这一时期使尽一切招数来妨碍中国的发展。我希望以上这类讨论能使我们更好地理解中国所青睐的领导模式，而加深这方面的理解，能使华盛顿方面在面对中国势不可挡的发展时能显得更加从容。

接下来，让我们推测一下中国再次崛起成为下一个世界主导国家的意义以及新的国际秩序将会是怎样的一种状态。由于种种

原因的限制，我们只能大致推敲一下。

首先，随着复兴脚步的加快，中国将从一个大国变成一个具有全球影响力的强国。如果根据当代威斯特伐利亚体系的定义，中国将成为唯一一个依靠自身广袤的土地、充沛的人力、科技和市场体系而发展起来的超级大国，而不需要通过维持海外军事基地来扩展自己的影响力。这也是由于中国的复兴发生在地缘经济的时代，因为在这个全球化与国与国之间互相依赖加深的世界中，经济实力才是决定主导地位的首要因素。

鉴于 1995 年后儒家文化在中国正式回归，人们可能预料在文化同源的亚太地区会出现以中国为主导的国际秩序会有持续的和平盛世。从“亚洲四小龙”和东盟成员国，到日本都在不同程度上隶属于“儒家思想和佛教思想”的历史文化圈中。这个历史文化背景，无形中给予中国一个增加其“软实力”的泉源。在中国自身经济实力和它与本地区经济挂钩之外，将更有助巩固中国与本地区之密切关系。

一个具有全球影响力的国家，是对于其他国家具有苏珊·斯特兰奇所谓的 “结构权力”优势的国家。这就意味着中国要在四种不同的结构中有突出表现，它们是：安全结构、生产力、信用和金融行业以及研究与发展结构。然而，即使当中国在人均 GDP 和军事技术实力上赶上美国，它也不可能在所有四个方面都达到同步的水平。

有一件事我们需要铭记在心，就是中国不会像之前的世界霸主英国和美国一样用武力和强权来领导世界，中国选择的是一个与众不同的途径，这将在后文详细描述。人们可能会担心中国传统的国家干预社会经济的做法会在国际社会中引起反弹。但是从已有的历史记录来看，中国从毛泽东时期开始在处理外交关系上还没有向他国输出革命或将自己的集体主义观念强加于人的先例。[①] 同时，我对世界现行的自由贸易机构如世贸组织和布雷顿森林体系以及全球金融管理等机制充满信心（如巴塞尔体制、国际证券委员会组织和国际清算银行）。我不认为中国作为这些机制的受益者会作出“予与之皆亡”的不明智之举。

进一步说，中国发展与其他国家相比真正的区别可能在于其对于全球和地区秩序的战略姿态和处理方法。从这一点看，最大的不同就是中国对多边主义的青睐和对单边主义的坚决反对。中国文化具有兼容并蓄的特点，因而世界之大不可能只有一个领导国家来治理。在这种情况下，中国可能更乐于相助大家一起共管而不是擅自统领世界。就如中国极力回避形式主义的做法一样，在处理国际关系中也比较多地依靠非正式协议而不是那些死板的条约。与希拉里·克林顿提出的美国将以其“卓越的实力”领导世界的观点不同，中国将以“通过魅力和榜样的力量来领导”以及“无为而治”作为回应。这就是中国人对“善治”的理解。

我感觉随着中国的日益发展，其领导人会更多地将中国传统的治国思想运用到处理国际关系中去。这在大量西方“文化污染”的情况下，是一种自然的选择。但是，当这些领导人试图效仿古代圣君时，他们发现这是不切实际的。对于古代圣君来说，老子的“无为方能无所不为”才是国家治理的最高境界。但是古代圣

① 详见撒特的关于中国外交的综合历史研究。撒特是一位多产的作家，虽然有时在中国问题上持保留态度。

君能这样做的原因仅仅是因为他们统治的是小国寡民，生活单纯，没有或只有简单制度架构的原始（远古）社会。总的来说，古代社会对其统治者并没有太多的要求，但是当今的社会却完全不同，它需要非常成熟的领导。尽管如此，之前提到的以榜样（范例）力量来领导的三个阶段也可能转变成为21世纪中的“无为而治”。

因此，说中国正越来越多地借鉴传统文化以形成理想的领导模式，也不是完全牵强附会。类似这一特征的讨论，也充斥于现下出版的中文著作中。例如，一重要专著在分析中国于威斯特伐利亚的国际关系中的地位时，谈到“应该发展一套有中国特色的国际关系理论”。著名国际关系理论专家余新天在援引了一些当代中国哲学家的观点后提出，若将中国传统文化中“仁”、“礼”与“和”的思想作为中国处理国家关系的指导原则，再合适不过了。“仁”这一儒家思想的核心观念教导我们在国际（人际）关系中应该“己所不欲，勿施于人”。与基督教宣扬的“己之所欲，必施于人”的训诲相比，正好是由不同人的身份看问题。中国这种双重否定的说法，表示其对人际（国际）关系上，大都有此防卫性的考虑。它传达了一种在处世上防御（与减低）伤害的哲学。即无论是我对人之伤害（或间接导致对人伤害）抑或是别人对自己的伤害，均应以防范使其不发生为最佳。

同理，中国的长城也体现了中国的“防御”文化，即重视自己的预防工作并且克制将自己的意志强加于人的冲动。“礼”则告诫中国人应该遵守规范，不要质疑由制度确立的权威。而“和”则强调和谐，反对冲突。无论是曾经称霸世界的英国（1815—

1914）还是以美式和平主导全球的美国（1945—2008）都没有过像中国一样的经历，即在忍受了列强无情压迫和屈辱的一个半世纪后再次崛起。在英国统治时期，大英帝国控制着全球大部分的海上贸易并享有无可匹敌的海权。而在美式和平期间，美国在发达国家中享有特殊地位，即所谓“美国特殊主义”（American exceptionalism）。这一说法暗含了其国家信条、历史进化、政治和宗教机制以及独特的国家起源（乃一个移民国家）。但是其中最重要的是其无与伦比的强大实力，无论是罗马帝国还是大英帝国都无法与其相提并论。从门罗主义（1823）开始，美国就示意其他（欧洲）大国不要干涉美洲事务，如若不然，美国将飨以其独一无二的超级强权。这是素来仰靠国际间权力均衡的欧洲前所未见的。

在后美式和平时代，有可能出现两种情况，一种是由美中共同领导，另一种是由中国主导的世界秩序。由于中国文化的包容性及其“互利共赢”的外交政策的驱使，中国更可能宁可接受与美国共同治理的模式。但是，这一模式能否被美国接受，则不尽然。基辛格似乎对两国能否在“未来国际秩序的理念上达成一致”心存疑虑，因为这与美国依靠其独自强权统治世界的传统相矛盾。

在未来的国际秩序中，情况将与英国主导的世界和美式和平时期完全不同，这一区别由一系列在第七章和本章前半部分提到的因素综合而来，包括：中国作为独特“文明国家”的背景，其在遭受一个多世纪的屈辱后再次崛起的经历，以及其在融入威斯特伐利亚体系时的不完全性，等等。简单来说，未来的国际秩序由一些独特因素综合而成，其中包括中国人对其痛苦经历的过度反应，这也是共产党革命中当代中国民族主义的起源；维持后毛泽东时代的中国从中受益的威斯特伐利亚体系中的机制。

在未来的国际秩序中，中国不会延续令其厌恶的两种治理模式，一是西方（含日本）“帝国主义”，另一个是斯大林式的大国沙文主义。中国会更多地关注国际正义，这体现于中国在 1944 年参加起草联合国宪章时坚持加入“正义”一词的举动。同时，中国也极力反对西方的“社会达尔文主义”，它曾为统治世界为“白人的责任”提供了合理依据。不仅如此，中国也不赞成苏联的“国际主义”，因为这意味着在苏联的全盛时代，其有权凌驾于所有其他社会主义国家之上。从实际层面说，“公正”应该包括社会正义和对世界欠发达国家表示同情。关于这个问题，我们已经在上一章中具体举证。

中国的这一姿态有意无意地沿袭了儒家的“王道”思想，即不以武力和强权进行统治。让我们回顾一下，1995 年，中国共产党第一次开始正式纪念孔子诞辰，自此之后，孔子及其思想便开始其高速回归。在国内奉行的是严格的中央集权主义，而对外，中国则坚决反对大国沙文主义和社会达尔文主义。这从中国对于朝鲜的政策中可以看出一些端倪。唐安竹[①] 指出，虽然中国对朝鲜来说可谓是它的坚强后盾，但中国只是将其看做一个“好邻居”，而不是对它指手画脚。如果中国对于社会达尔文主义的反对属实，它便应该清醒地意识到过去霸权国家的权力游戏，便也不会重蹈美国的覆辙，将 40% 以上的国家预算用于维护其在

① 唐安竹曾任华盛顿特区尼克松中心分管中国研究的主任。

世界上的军事优势。[①] 出于自信以及“无为而治”的倾向，中国可能最终选择让国际机制和组织发挥更重要的作用。如果争议甚至冲突可以通过如联合国这样的管道协商解决，或通过斡旋甚至仲裁的方式解决，那么到时作为世界强国的中国也无需扮演终极仲裁的角色将自己的意志强加于人。这一领导模式将与传统强国固有的干涉主义思维恰恰相反（尽管那些强国并不以干涉主义自居）。

我们注意到，中国已经对联合国维和行动表现出越来越多的兴趣，其中一些也涉及人权保护（如在萨尔瓦多的行动）。中国甚至参与了联合国关于在国际社会中实行 R2P（在人道主义援助中的保护权利）的讨论。中国积极参与国际组织的行为已体现出其独特而谨慎且平稳的关于国际治理的不同思路。虽然中国原则上也支持为了保护那些失败国家（如索马里）民众的安全和权利的人道主义干预，[②] 它同样呼吁加强那些政府的执政能力从而可以保护其国民的生命和财产安全。另一个中国模式的特别之处在于，中国更喜欢私下的劝导，而不是一味地指责。另一方面，中国谨慎的治理方法也适用于其对环境的关注。对于中国人来说，虽然所有国家均应对环境之维护负有责任，但所有国家在国内的发展权也是该被尊重的。

在中国主导的国际秩序中，中国将很有可能在两种理念中取

① 不同方面的数据会有所出入，但是根据“抵抗战争联盟”（wrl@warresisters.org）的资料显示，美国联邦政府 2009 财政年度的预算中有 54% 属于军费开支，其中有 36% 用于当前的军事需要，17% 为支付过去的军事支出（包括退役军人的福利以及偿还 80% 军事负债的利息）。而国会预算办公室则显示，预算的 20% 用于“国防开支”，8% 用于偿还负债的利息。

② 多年来，索马里一直缺乏有力的中央政府，这直接导致了社会秩序的混乱，激化了各部族间矛盾并严重影响了人权保护。

得平衡：中国将对所有国家的主权与国际环境和世界共同财富（譬如南极、海底资源等）同样重视；中国将支持不同民族（文化）间的多元化与它们的和谐共处，但也强调某些国际共同目标和利益的重要性（例如和平与安全；减少贫困；普及教育；防止艾滋病传播；禁止制造大规模杀伤性武器；反对恐怖主义及毒品和妇女走私，等等）。

至今为止，中国在与全世界一起抗击非洲艾滋病传播危机中的积极表现已经证明，它不是一个对国际秩序袖手旁观、任其发展的国家。而对于艾滋病受害者的同情和关心也已经使中国与其他主要国家一起积极参与到全球有关疾病健康的治理之中。展望未来，中国的这一谨慎态度很有可能成为中国参与国际事务治理的标志，泛“中国和平时代”来临并将一直贯彻始终。

更重要的是，中国很有可能将“和平共处五项原则”视为中国主导世界和平的指南，这些原则是周恩来在 1954 年与印度总理尼赫鲁会晤时首先提出的。在全球金融和贸易治理中，“20 国集团”将可能超越“7 国集团”成为管理世界经济的“董事会”。但是“20 国集团”不会取代布雷顿森林体系和世界贸易组织的地位。鉴于中国固有的“萧规曹随”的观念，即使其成为下一个世界强国，也不会彻底改变美国在二战后根据“自由经济和平理论”所建立的国际组织。所谓“自由经济和平理论”主要包括两个论点：自由贸易能大量降低国家希望通过武力而达到的利益目标的数量；自由贸易能提高国家间的互相依存度，使国家变得彼此相对脆弱而不愿意冒险使用武力。

布雷顿森林体系和世界贸易组织都体现了“自由经济和平理

论”的自由贸易和反保护主义的精神。通俗地说，如果利润和资源可以在国际市场上通过自由交换获得，那么国家也就没有理由用战争这种高成本的手段换取同样的东西。自1978年邓小平开始改革的30多年来，中国已经充分融入二战后的自由贸易体系中，在理查德·罗斯克兰斯看来，中国已经与美国、欧盟、日本和其他国家之间建立起一种“彼此脆弱的相互依存关系”。如果中国试图瓦解当今的国际秩序，那么就等于是自杀。所以，即使中国在以其主导的世界体系中具有绝对的话语权时，它也不可能破坏这个包含对它具有巨大既得利益的体系。

三、中国主导下的国际与地区秩序的美好展望

从地区层面看，其现今的形态很有可能继续保持。但是在地缘经济的影响下，民族国家会发现它们将被进一步卷入自由贸易区（包括区域间的组织）的网络中。让我们再来简单回顾一下康灿雄教授关于中国朝贡体系的研究。康灿雄发现，在他研究的6个世纪的时间跨度中，这个自成国际关系的体系中的战争数量远少于威斯特伐利亚体系中的水平。而中国人避免刻板安排的倾向正好与东盟非正式的组织架构一拍即合。因此，亚洲的区域建设将更加强调友好关系而非一味的经济发展。

由于中国人喜欢通过魅力和身教力量领导的倾向，我们可以预计到亚洲地区的三个发展趋势。

第一，从邻国前往中国求学的留学生数量将持续增长。根据目前情况来看，仅2009年就有近6.7万名韩国学生前往中国深造，这几乎与去美国接受高等教育的韩国学生数量持平。但是在中国崛起复兴后的国际社会中，中国将很有可能迎接更多的来自世界各地的学生。这与儒家“有教无类”的思想观念一致。用当

代语言来表达，意即一个受过教育熏陶的社会将是文明世界的最好保障。

第二，在我看来，中国将在不断扩大的亚太区域集团中扮演关键角色，但不一定是霸权领袖。这在命名不甚恰当的东亚峰会中便可见一斑，这个组织由10个东盟国家，三个“境内观察国”（中国、韩国和日本）以及三个“境外观察国”（澳大利亚、新西兰和印度）组成。现有的这一制度框架反映了东盟各国的愿望，即将美国排除在外。然而随着中国的复兴，我有一种预感，北京方面不仅不会迎合这种期望，还会主动充当中间人将美国纳入东亚峰会。为什么？这与台湾地区领导人马英九在赢得2008年选举后指派反对党的人才在国民党政府中供职如出一辙。这样做继承了中国人“兼爱包容”的观念，不仅是因为想把政敌转为伙伴，更是为了培养宽宏大量而非崇尚霸权的领导人的形象。

良好形象对中国树立威信并被世界其他国家所接纳都是非常有利的。随着俄罗斯的加入，东亚峰会（无论今后将改成什么名称）便有了18个成员国。鉴于中国和俄罗斯在东亚峰会与上海合作组织中的双重身份，这两个国家很有可能成为沟通上合组织与亚太地区集团的桥梁。最终，中亚地区也将参与到亚太区域的发展中来。现在的东亚峰会有中国、日本、韩国、美国、俄罗斯、澳大利亚、新西兰、印度，再加上东盟的10个成员国，即使将来没有上合组织的参与，也将成为超越欧盟和北美自由贸易区的世界最大的贸易集团。而现今区域间的亚太经济合作组织（APEC）虽然拥有21个成员国，但却前途未卜。

最后，我们要谈谈中国复兴后的世界秩序对台湾地区的影响。

一旦中国成为世界的主导力量，那么对于台湾分裂（台独）的恐惧也将烟消云散，因为北京方面知道在这个地缘经济主导的21世纪，资源短缺的台湾无法独自生存，而会更重视与大陆发展紧密的合作关系。就台湾目前的状态来说，它除了是APEC的成员外，并没有参与任何其他的地区自由贸易网络。但是由于APEC本身不确定的命运，台湾会发现它在这一地区间的孤立将危及其生存。所以，出于被孤立的恐惧以及亚太地区愈发明显的权力结构等级都将使台湾追随其他国家和地区的脚步，转而更依附中国大陆。台湾将发现这是确保其生存的唯一出路。随着地缘经济的重要性日益突出，台湾会觉得经济安全远胜于传统关注的政治独立和军事安全。

顺便提一句，即使现在的中国还未成为超级大国而只是走在迈向复兴的路上，但是我们仍然发现亚太国家正自主地向中国靠拢，而所有这些都发生在美国试图在这一地区建立新的联盟与抗衡中国的情况下。澳大利亚外交部长在希拉里国务卿2009年访问期间提及，他的国家将不会参与抗衡中国。[①] 此外，东盟秘书长也表达了各成员国的一致意见，即不希望被迫（被美国）在美中之间做出选择。同样，台湾也深知未来中美的力量对比，美国作为台湾守护人的角色也只能成为历史。如果台湾聪明，它就不至于刻意疏远中国大陆，并会发现向其靠拢对台湾是有百利而无一害。值得注意的是，在2010年的调查中，63%的台湾人表示，他们并不认为一个崛起、强大的中国一定会对台湾地区的安全造

① 2011年11月10日奥巴马总统出访澳大利亚期间，他宣布美国将在澳洲部署2500人的部队以加强亚太地区的安全。

成威胁。

2010 年 6 月 29 日，台湾与中国大陆签署了《经济合作框架协议》（简称为“ECFA”）。在协议签署的几个月后，台湾便通过不同渠道吸引外资共 4 千亿美元。在签署 ECFA 的前提下，在台湾投资的外商将获得随时通往中国大陆市场的附加优势。对于台湾来说，ECFA 更是 2008 年全球金融危机后出现的一根救命稻草。我们可以预计，中国大陆在未来将提出更多像 ECFA 一样的提议，例如从海关联盟或共同市场开始，从而一步步实现统一台湾的目标。在一项民意调查中，有 70% 的台湾人支持 ECFA，73% 的人说他们愿意到大陆去寻找工作机会。①

根据一家名为 BERI 的商业风险评估机构于 2010 年 9 月 19 日出具的报告显示，后 ECFA 的台湾在亚洲最佳贸易投资地中位列第四，分别击败了排名第六、第十五和第十八的日本、中国大陆与韩国。② 所有这些都昭示着海峡两岸关系的美好未来。

另一件很有可能发生的事是，中国大陆的高等院校和研究机构将张开双臂迎接越来越多的台湾学生。我们可以预言，下一代在大陆受教育的台湾学生将成为海峡两岸进一步统一的催化剂。

需要重申的是，中国大陆也不会像从前那样担心“台独”的发生，尤其是如果大陆的政治改革能使其体制与台湾的政治制度更加协调的话，这种担心就更显得多余。

我并没有暗示说两岸关系将一片光明，但是我认为在不远的

---

① 这些调查由《远见》杂志的调研中心开展。在此我要感谢中心主任戴立安（lian-tai@cwgv.com.tw）提供给我这些资料以作参考。

② 详见《侨报》（纽约），2010 年 9 月 20 日，第 14 版。

未来，中国将更自信地处理对台问题。中国也将意识到如果能够做到以礼为先并常怀同情之心，那么它不论在台湾或是世界其他人眼中的形象都将是与众不同的。而台湾也将发现对中国大陆作出积极回应也是对自己有利的。但是我认为，要想真正实现两岸统一，就必须等到两个条件的成熟：中国大陆 13 亿人口在人均收入水平上达到或者超过台湾 2300 万人口的水平；中国大陆内部制度变化的结果能够使台湾的选民感到放心。这两个条件将有助于消除绝大多数台湾民众不至于恐惧台湾与同自己大小不成比率的大陆合二为一。

进一步说，台湾问题的解决意味着亚太安全问题中两个遗留热点（问题）之一得到解决。这也为解决朝鲜半岛分歧的问题，至少在推动或彻底实现朝鲜半岛无核化提供了一个积极的榜样。当所有这些都在不远的未来实现，那么解决作为最后一个世界级难题的中东问题的时机也将成熟。鉴于中国在阿拉伯世界的影响及威信，而且中国又没有如美国一样被认为在该地区有“歧视偏袒”的阴影。所以以和平方式彻底解决巴勒斯坦问题和阿以冲突的可能性比任何时候都要高，最终将因被整个阿拉伯世界所接纳以色列国有存在之权利情况下，而带来中东地区的永久和平。这不是做白日梦，而是在中国复兴后可能出现的世界格局。这也是在本书列举了各项证据后通过逻辑推理得出的结论。

四、一个愉快的注解及三个但书

我希望以一个愉快的尾声来结束本书的讨论，但是我也要提出三点但书。愉快的是，根据芝加哥全球事务理事会 2010 年 9 月 16 日发表的调查显示，只有 43% 的美国受访者表示，如果中国成为世界级强国，将对美国带来威胁。这比 10 年前的调查结果确实低了 10 个百分点。此外更重要的是，68% 的人相信美国应该与中国发展友好合作的双边关系。尽管也有 58% 的人认为美国应该与日本和韩国联手抗衡中国，但是支持前者的人数相对较高。

三点但书中，一点关于国内局势，另外两点则与外部环境（甚至突发事件）有关。如果三个紧急事件中的任何一件成为现实，那么我之前所描绘的关于中国复兴后的图景将全部化为乌有。

我的第一个但书是有关中国的国内政治发展。在未来的 30 年中，在中国还未成为超级强国之前，许多激烈的、意想不到的突发状况可能会发生，如果邓小平的“改革开放”精神被终结，如果部分官员对传统中国文化（儒家思想）及其价值的再受重视予以强烈反对。当以上这种情况发生，那么一个完全不同且不可预测的领导集团将控制中国政府。而我们之前所勾勒的中国复兴后也将是完全不同的另一幅图景，只是我们眼下还不知道所不同的将是什么。

第二，如果某些国家刻意采取破坏行动以激起中国采取正当防卫措施，那么事态也将不可控制。例如，日本近期在中日争议的钓鱼岛（日方称为“尖阁群岛”）附近水域的挑衅行为。2010年9月9日，三艘全副武装的日本海岸护卫舰包围了一艘正常作业的中国小渔船，当时渔船正在其船员认为的中国岛屿附近的领水（或者是专属经济区）中航行。在两次撞击了这艘中国渔船后，日本方面拘捕了船长，并且只要他拒不认“罪”，日本就将其一直扣押。[①] 同时，日本媒体宣布日本将与美国海军进行联合军演。这次名为“夺回钓鱼岛”的联合军演据说是针对中国这个假想敌并宣称其曾用武力夺取该岛。[②] 日本这些举动引发了嗣后一连串的日中冷战升级，并把美国牵连入内，正是一个很好的实例。

这样的挑衅行为听起来可能像是电影中的精彩片段，但是它们必定会使中国违背初衷而作出正当防卫措施。它们将使我所有关于中国复兴后的评论付之东流。

第三个但书是第二个但书的变体，只是将其应用到美国。我

① 2010年9月25日，船长詹启雄被释放，这被《纽约时报》（2010年9月25日，第1,5版）称为一次“短暂的示好”，但是在我看来这主要是因为中国威胁将停止与日本的贸易往来。日本方面曾扬言要起诉詹启雄，但事实是中国于2009年便取代美国成为了日本最大的出口市场。

② 一位美国国防部发言人于2010年10月5日否认了诸如“夺回钓鱼岛”的行动计划。

们已经看到希拉里积极怂恿东南亚国家在中国南海问题上与中国对立所做的努力。这已经使越南人在 2011 年 6 月南海发生的一次普通船只撞击事件中对中国采取非常强硬的态度。另外 2012 年发生的菲律宾与中国黄岩岛的冲突是另一个例子。如果像希拉里所做的，美国继续煽动亚洲邻国和非洲国家反对甚至联合制衡中国的企图，那么我们很难想象中国将如何继续保持对美国的合作政策而不是用武力反抗。[①] 接下来的“反弹与反反弹”的无止境循环，将不可避免地导致一个超级安全困境的出现，这不仅有损中国复兴的和平之未来，更可怕的是，它还可能使两个超级大国（一攻一守）陷入即使在美苏冷战中也不曾发生的“全面战争”的僵局。我用“全面战争”是因为冷战时的苏联并没有美国一样的经济实力，而在与中国的冲突中，战火将同样燃及经济领域。且不说恶化，美国简单的压制行为就至少会延缓中国的发展。如今中国的行为已经像一个与美国一样的要维护现存国际秩序的大国。例如，中国在 2008 年后的全球金融海啸中强烈指责某些国家出现了“贸易保护主义”的修正现状的倾向。[②]

我不愿以如此沉重的注解作为收尾。但愿类似上述情况永远不会发生。我引述这种假想的浩劫，旨在警醒相关决策人员，促使他们在面对中国之第二次兴起时不要凭直觉反应，而是冷静审慎地重新考虑如何方是正确的美国对华政策。这也是本书的最终

---

① 路透社报道称（2011 年 12 月 8 日），正当中国在亚洲的影响日益扩大，华盛顿方面决定重返亚洲之际，美国总统将于当月晚些时候与印度和日本开展首次三方会谈。这也成为了奥巴马总统出访亚太时的重点，此间他宣布美国将增强在此区域的战略部署。

② 时任副总理的李克强于 2011 年 9 月 1 日出席在新疆乌鲁木齐召开的亚欧贸易峰会的开幕式上致辞，并在 30 多个国家和国际组织的与会代表面前严厉抨击了“各种形式的保护主义”。

宗旨：立论强调应避免人云亦云的肤浅看法；而要深入了解中国长久历史、独特文明，以及战略考量的综合背景来认识中国第二次崛起之涵义。

我们必须强调现今中国之复兴是第二次崛起，因为自从世界有国际社会（威斯特伐利亚多国体系）以来，每逢第一次“暴发户”国家之崛起，没有一个不是侵略或是鱼肉他国的。如果它们之间任何一个（譬如二战时的日本）企图粉饰自己扩张掠夺行径而说是“善意的侵略”，可想举世之下绝无人置信。同样的，一个崛起的国家如说它是“和平崛起”，恐怕也难以为人接受。因此，本书特别以多重角度出发论及中国第二次崛起性质的微妙与其有异于其他第一次暴发户崛起之原因（何况中国 713—1820 第一次兴起，也与西方及日本暴发户式崛起的劣迹表现大有不同）。如果本书终能唤醒相关决策人、学者以及大众的注意，尚能悬崖勒马避免因误解误判而铸成大错，则本书之用心良苦终未枉费。幸哉！幸哉！